身心整合

心靈澄淨與自在的秘密

李瑟 著

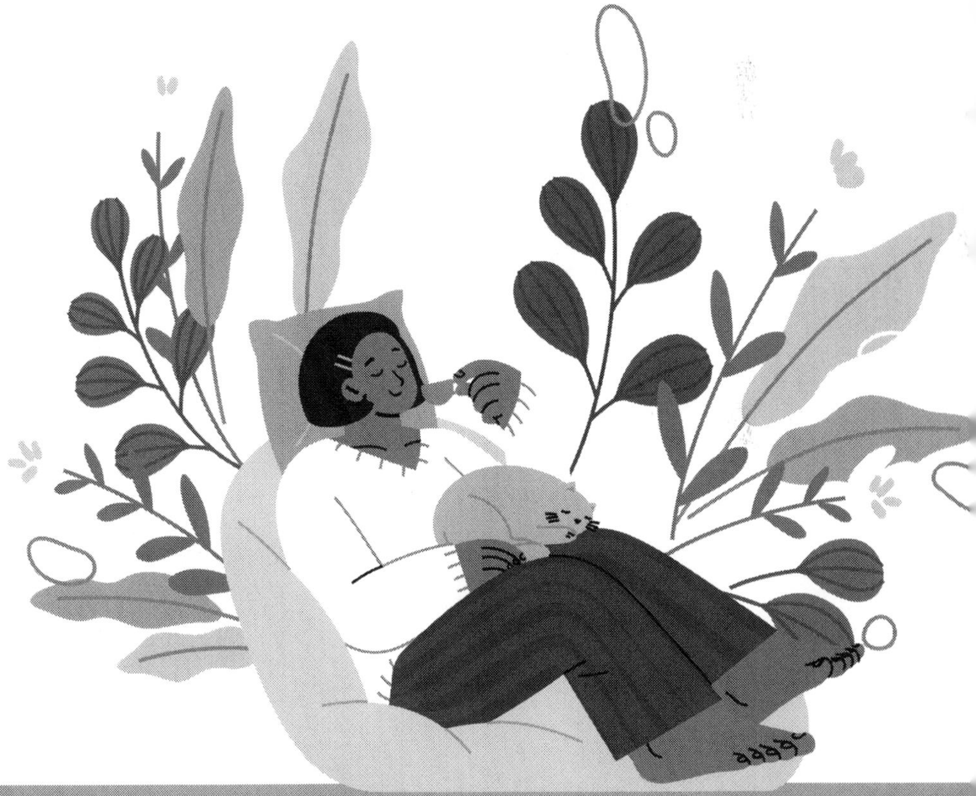

真誠擁抱生命，感受全新的自我。

我們的目標是求得安全感，和永恆不變的人、事、物。
但生命不可能一成不變，
我們的不安全感，源自於缺乏認知與自信。

自序

改變即是收穫

我的人際關係一直都不怎麼盡如人意，總希望藉由別人對我的愛來肯定自己（在早期那段苦痛的日子裡，我一點都不明白這種觀念的眞正意義）。在我歷經成功和嘗到出名滋味之後，突如其來的空虛讓我措手不及，於是促成寫這本書的機緣。

二十五歲那年，我取得博士學位，隨即在大學任教。二十六歲時，我在另一所大學主持一項全國性計畫。三十歲出頭，我已經成爲全國性諮商機構的代言人，可以在國會公聽會作證，並著手出版研究報告，作爲政府立法的參考依據。當時我的收入相當可觀，也擁有一棟豪宅。遺憾的是，我從來沒有歷經一段眞正充滿情愛的人際關係。

抗拒改變是我們的天性之一。不論改變會爲生命帶來多大的好處，我們的抗拒始終如一。

我稱這種心理爲自我的「法定監護人」，打從出生那一刻起，它就一直保護著我們。因爲它們的存在，我們才不會糊裡糊塗的涉足生命中的危險，直到自己有足夠的力量，才會去面對挑戰。

久而久之，這法定監護人成了我們身體的一部分。即使如此，我們依舊恐懼自己的力量不足，怯於跨出做自己想做的事的第一步，漸漸的，倘若我們沒有意識到它們（法定監護人）的存在是如此的狡詐、如此左右我們的生活，我們便會自我怠惰，不再理會心中的渴望。甚至當周遭的環境讓我們感到痛苦，法定監護人仍會堅持我們維持現狀，如此它才能舒適的待在熟悉的環境裡，感覺掌控我們的生命。

當我努力改善我的婚姻，和威廉的關係變得越來越好時，法定監護人的日子過得一天比一天難過；只要我們的關係更加親密，法定監護人就會不斷的在腦海裡咆哮；因爲在這之前，我從未嚐過眞愛與親密的人際關係。這種改變帶給我許多初次體驗的美味。然而，我的法定監護人卻不喜歡這種改變，並不時以溫柔的口吻對我輕聲呼喚：想要同時擁有事業的成功與情愛是不可能的！可想而知，我的內心交戰是何等激烈。

終於，我的情愛戰勝了一切爭戰。我的法定監護人別無選擇，只好放棄堅持與破壞。由此可知，恐懼是有底線的，我們的努力可以改變原有的困境。

日復一日，我觀察鄰居的孩子都是在相同的地方嬉戲。於是，我問他們爲何不到別的地方玩，到外面去看一看。同時他們也讓我了解到，成人不也一樣在熟知的現實環境裡打轉。

一旦認清造成我們怯於改變的心理障礙之後，思維馬上清晰起來，想要改變的念頭於焉產生。

而我目前要做的，是准許眼前的情況改變。我現在所處的位置，就如同沙漏中央最狹窄的部分，這個空間也阻塞了我的成長。換句話說，內心衝突阻止我的生命向前邁進。

因此，下一步我該做的事情，是讓自己獲得更多的力量，並且與繼之而起的改變共舞。

當我這本書寫到最後階段時，我明白再過幾個禮拜就可以完成了。那一刻我的心情輕鬆且興奮，然而，壓存於腹間的梗塞感也同時告訴我，忽視了那進度緩慢的改變。自我成長的延遲，背後有其重要的因素，只不過那時我對於這個關鍵點仍一無所知。

於是，我渴求自己的智慧可以早日開悟，早日完成這本書。

有一天，我按照慣例，帶著狗到覆滿白雪的森林中散步。根據以往的經驗，我以爲這只會花三十到四十五分鐘，剩下的清晨時光可以用來寫作。

走著走著，鄰居的另一隻狗也加入我們的行列。於是，我們漫步越過了一大片草皮，又登上了一座小山丘。這時我不再領著狗，而是讓狗當先，隨心所欲的遊走，而我隨後順著狗兒們的腳步，一路跟牠們爬上一座又長又陡峭的小山丘。

與此同時，我的內心十分掙扎，因爲這打破我原先的計畫，但還是決定順著內心的感覺去做。事實也證明，這確確實實是很好的身心運動，而且，這項運動促使我全然的甦醒！

在小山丘待了大約半小時後，我告訴自己必須回家工作了。於是，我仔細觀察下山的最佳途徑，許多小徑都被白雪覆蓋，底下還深埋著落葉，一個不留神，很容易失足掉入雪洞中，甚至翻滾至好幾哩以外的陌生地方。就在這時候，我的目光不由自主的飄向山丘頂端而非山底。

由於我早已學會信任自己的直覺，因此逐步往上攀登。在這之前，我從未有過如此的攀爬經驗。

其實應該這麼形容，我心底有股巨大的聲音在聲聲呼喚，要求我登上山頂，感受前所未有的體驗。我順從了這個直覺。隨著時間的流逝，我更清楚且肯定當天唯一的工作，是行走這一片白皚皚的森林。

就是這種直覺力的驅使，爲我們帶來新希望，只要我們肯遵從它的指示。

我非常順從的恪守直覺力的命令。漸漸的，我的知覺緩緩甦醒，身體越來越興奮，這種種念頭浮上腦海，我感到前所未有的澄淨與自在，不禁大聲叫出：「是的！」也大聲喊著：「自由！」我感受這異常的神奇，即使我尚未意識到內心迸發而出的究竟是什麼玩意兒。

這時，身邊的兩隻狗也回過頭來好奇的盯著我，想弄清楚我爲什麼這麼興奮。在山丘頂端，我選擇一處陽光普照的地方坐下，完全體驗內在的奇妙感受。

我的心持續在敞開著，而當我深深感受到一股全新的自由時，眼淚不禁奪眶而出，弄濕了臉頰。說穿了，我之所以會恐懼成爲完全的自己（擁有我自己的力量），是害怕會再度孤寂。然而，後者卻出自於我那位法定監護人的口中。過去在獲得世俗所謂的成功時，我和「自我」並沒有產生連結，所以那時的內心完全孤寂。

當我在直覺邊緣徘徊時，同時有一股新生的意識在體內流竄，告訴我，我已準備好展開一段生命旅程的探險。根據我親身體驗的結果說明，你越是設法釐清思緒，越是得不到答案，你所能做的，唯有敞開胸襟接受直覺力的引導，並用心參與你的生命歷程。

這天早上，我的身心被徹底整合了，彷彿體內的每一個細胞都迅速形成，而且完美的組織在一塊。我深刻體會到，倘若我們准許自己成爲更完整的「我」，我們並不會失去自我或與他人的關係。這段體悟讓我想起一位朋友曾這麼說：「生命中的改變，並不等於放棄某些事。」

我們的目標是求得安全感和永恆不變的人、事、物。但生命不可能一成不變，我們的不安全感，源自於缺乏認知與自信。唯有當我們承認改變的事實，才得以准許內心平和與個人的自主，進而形成真正的安全感。

終於，我準備好讓自己擁有全部期待中的事物——也就是說，豐富和不斷成長的人際關係，以及其他方面的成功。我的內心有一股顯著的自由力量在流竄，在這同時，那兩隻狗也來到我身旁瘋狂跳動，似乎跟著我一同慶祝內心的重生。

現在，我已經準備好隨時攀登生命中的另一座山峰，且再也不會被心中的苦痛所牽絆，那些恐懼已在這一次「意外的旅程」中，徹底從體內釋放出來。我所知道的是，在我們居住的附近，有許多可以攀爬的小山。我們唯一要做的，就是邁開雙腳，隨著直覺登上並探索它的美妙。以往，我會竭盡全力尋求某些終極目標，但是現在的我，欲求不同了，反而急於想知道另一邊的山頂存在著什麼。我並非照著原來的路徑下山。

生命是獨特且零缺失的，身爲人類，我們如何強而有力？只要對自己有益的事，我們都能達到那個期望，而且，隨時準備好接納所有相關的訊息。閱讀完我的故事，請將它當成借鏡，進而把自己的經驗放在陽光下分析。

此外，這個故事也能協助你，看清楚近來所面臨的情境，認清它的發展過程。您不妨試試！倘若眞的這麼做了，您將會有意想不到的收穫喔！

品味問題

1. 寫下某些曾在生命中出現的改變。
2. 關於這些改變，你的最大恐懼是什麼？
3. 一生中，你能夠想出任何一個上、下經歷相互關聯的例子嗎？

Contents

Contents

Contents

第二章 關於表達

輯一

倘若有存活的機會，我會喜歡那時的自己嗎？

畢竟，我的靈魂早已被破壞。

一顆小水滴的故事

我——小水滴，是從天空中的水蒸氣凝結而成。起初我只是個小分子，逐漸吸收周遭的水氣，增加了本身的重量與體積，最後形成現在完整的我。出乎意料的，我不但體重增加了，還從空氣落下形成豪雨，掉落在泥窪中。

我左右舞動著身軀，不斷探索新的姿勢。我狂喜的扭動身子，自由從身體的每一分子中湧現。

「我有身體！」我大叫，「多麼有意思！現在，我可以在這個小水池裡歡笑、遊玩和歌唱。」在豪雨不止時，鄰近由其他小水滴所形成的漣漪，不時對我擁抱與愛撫，於是我開心的咯咯笑。

然而，我的狂喜只維持很短的時間。「噢！」突然間，身體的每一個關節都很疼痛。這時候，狂風暴雨正無情的鞭打我。直覺的，我滑入了池子底端躲藏暴風雨。

在暴風雨歇止後，我懶洋洋的滑出水面，享受溫暖陽光的洗禮。哇！多麼的暢快！

突然，我往後退縮。「我想我花太多時間接受陽光洗禮。這樣做實在太危險，我快被蒸發了。那個大巨爪和大舌頭是打哪兒來的？它們似乎像吸塵器一樣，想一口氣把我吸光。」我盡全力快速的跑回池子底端，並且努力躲開那隻隨時想抓住我的大爪。

我猜，一隻狗正在追逐我。還好，我很小心，否則早已一命嗚呼。

那天晚上和接下來幾天，日子都過得很平和。我愉悅的在池子內打轉，同時一邊思考著存活之計。一切是如此的愜意自在！沒有暴風雨，也沒有追趕的狗。

在乾旱來臨前，原本我以爲一切都已安排好。但當刺骨的熱風和灼熱的氣溫正吸吮我身上的水分時，我了解到除非必要，絕不可以裸露在快乾涸的池子表面，否則不用多久，我又會變回空氣中的水蒸氣。儘管泥窪中的水分越來越少，變得如此泥濘，但我依然設法維持身體的清潔。

隨著夏季的遠離和秋雨的降落，我自認爲已經學會如何掌控「改變」。當然，雨季帶給我生命的重生。除了雷雨造成的疼痛外，隨著池水增加，我的心情也越來越快樂。

然而沒多久，我純樸的風貌和自信完全被洪水摧殘。哇！一切來得這麼突然。我那個小池子，因爲土石流而和附近的池水和在一起。來自四面八方、各式各樣的雜物不斷捶打著我——樹枝、厚厚一疊落葉、小石子和巨大的石塊。這樣的折磨彷彿還不夠，幾棵糾結在一起的樹木，打得我昏頭轉向。

我的心爲此粉碎，急忙想找出原本那個細心呵護的小池子。如今，我的努力全部白費，未來根本毫無希望。

儘管內心正嘶聲吶喊，身體卻猶如行屍走肉，因爲我毫無選擇，只能隨著無情的洪水四處流盪。此刻，我十分清楚，自己只是死氣沉沉的小水滴。

一個小時接著一個小時的流逝，我的情緒和肢體不斷承受巨大創痛，腦袋也一直苦惱於未來的不定，該怎麼辦呢？我心知肚明，再也不可能回到以前那個安逸的小池子了。

我究竟是以什麼方式存在？肯定的是，現在的我和以往不同。如今，我不再只是小水滴的身分，而是摻雜其他眾多水滴、泥土和惡臭味。

倘若有存活的機會，我會喜歡那時的自己嗎？畢竟，我的靈魂早已被破壞。

連續三天跟著洪水遊走，我不時察看身體是否還在，而且審視的次數越來越頻繁。坦白說，我不想再面對更多的苦難與試煉。

終於，洪水消退，我的身體再度成形。我更加小心留意身體。在向上窺探外在的一切環境後，我發現自己正處於一條美麗河流的中心位置，四周淨是環繞綠意盎然的老樹。新家不似先前的小水池那般淺露，因此，我不必憂心它會隨時乾涸消失。藍色的大蒼鷺和兀鷹不時的在河流上盤旋，似乎歡迎著我的到來，也顯示出這一帶的環境饒富生氣。

此外，鱒魚和鮭魚也不時在河面上愉悅跳躍，彷彿這條河流賦予牠們極大的喜悅。這點，更進一步保證我未來安全無虞。河水的溫度相當適合我再次塑身。我認爲這是我見過最安全的家。

過去，我怎麼傻到質疑自己和生命轉換、改變的過程呢？一切都如此完美。首先，我從天空落在小池子，藉此學到了許多事物。不久後的現在，我再度證明，轉換與改變確實能夠帶來更高層次的愉悅。

我開始和河流中的其他小水滴閒談，無獨有偶，它們一致認同我的看法。至此，我們有足夠的生命體驗，所以很肯定轉變爲生存無可或缺的部分。

接下來的日子，我相當耽溺於新家和朋友，以至於忘記眞實世界存在無數的轉變。每天清晨，我都以熱切的心面對生命種種。因爲如此興奮，現在我的身體不時閃爍、清澈和完整。可以說，這條河流的水洗去我過往的苦痛。我在河面上漂浮、游泳和跳舞，內心正爲生命的探險慶賀。這實在是値得留戀的甜美回憶。

接下來發生什麼，你應當猜想得到。每件事又再度轉換與改變，那時內心的興奮感正不斷升揚。然而，速度越來越快，我覺得非常惶恐不安。焦慮中，我企圖尋找來自其他洪流的聲響或跡象，但卻找不著。

「發生了什麼事？」我不斷質問自己和河流。「該如何是好？我察覺出正面臨另一種轉變，但情況卻是這麼難以掌控。」

這時，河流之母回答：「繼續漂浮！現在，請務必放棄操控的欲求。你早已明白轉變是大自然的既定現象。倘若你想經歷完整的生命，請順從和信任自己以及轉換的過程。」

「我當然知道，但說的比做的容易。」我如此辯駁。那時，我正好看見周遭的朋友不斷尖叫，和意圖站穩腳步的現象。沒有例外，它們別無選擇，只能越來越快往河的下游流去。

我依然想反抗現狀，並且爲了朋友的遠離而哭泣。我們之間的距離正急速擴大，不用多久，我們將只能有彼此過往的回憶。

「爲什麼？爲什麼我得不到心中欲求？爲何我不能依心中理想創造生命？」我爲不了解改變的眞理而號啕大哭。猶如稍早面臨改變時的反應，我不斷踢打、尖叫和抱怨。「你怎麼可以要我放棄主宰生命。甚至，我根本不明白你的意思。」

再一次，河流之母迅速的回答我：「事實上，你已經這麼做了！現在，你只要體驗情感，不要設想去理解任何事。很快的，你就會覺得自己正在掌控生命。到時候，你將比現在更有意識過活、快樂和擁有更多力量。」

「這對你當然容易，畢竟你是整條河流，不像我只是小水滴！」我埋怨的說：「你從來不知道小水滴的苦楚。我們太容易因爲外力而喪失生命。面臨這種困境，我們根本無力抵抗。」此刻，我相當厭惡這條河流的力量，身爲每一分子的小水滴也拚命抵抗她的作爲。

「小水滴，你是否知道我如何成爲河流？難道你不認爲，先前我也經驗過這些相同的歷練？甚至在未來到大海前，我也會像你現在般掙扎？」

她的這番說詞，讓我冷靜下來，激發我思考這整件事。即使我現在仍漫無目的滾動，而且速度一直加快，我深深明白她的話很有道理。我已經學會基本的生存技巧，體驗過擔任受害者的心情，有點明白自己的力量爲何。現在，是我學習順從生命過程的時刻。因此，我應該善加利用此機會，全然體驗轉變的過程，於是，我決定不再一味反抗。

「比起以往扮演犧牲者的角色，現在你需要較多勇氣去留意和順從轉變的過程。」河流之母指引我。

因爲即將前往生命的下一階段，我興奮的大叫。

「你之所以感到受阻，是因爲反抗必須面對不同的生活。」河流之母咆哮著說：「准許自己順著流水的方向行走，如此，你內心的掙扎主動停止。其實，你只要仔細察覺身體感官的反應和提示即可，除此之外，無需做任何事。接下來，你將明白轉變帶來的好處。」

她說的最後一段話，「無需做任何事。接下來，你將明白轉變帶來的好處。」深深的打動我。

於是，我眼睜睜的看著自己繞住河中的巨石打轉。雖然如此，在整個過程當中我依舊意識清楚。這種情形持續約半個小時，而我也不斷質疑要如何才能夠放棄掌控的欲望。爲此，我自我教導：「世上唯一不變的就是改變，我別無選擇，只能靜觀生命改變。」

逐漸的，我的身體不再這麼緊張，但隱約可感受到內心的恐懼。剎那間，我明白自己正在體驗恐懼與興奮。這項新體驗使我感到非常愉快。

哇！多麼神奇的經歷！一分鐘前，我還在迅速川流過磨平的大石頭，如今卻與同在漩渦內的其他小水滴閒聊。甚至有時候，我們會因爲衝撞大巨石而被濺得四處飛起。那種景象眞是美！

河流之母的看法正確無誤。我從來想不到生命可以如此狂喜，不再與既存事實抵抗，眞的使我的身體得到更多力量。當河水不斷拍擊身體，我內心的亢奮也越來越高。這個改變速率之快，使我有時覺得眼花撩亂。

「我喜愛採用快的途徑來體驗生命！」我向河流之母如此宣稱：「我期望永遠生龍活虎。」

接著，河流之母給我一道選擇題：「很好，不過你才剛開始體驗轉變的過程。請往前看，大約再三百哩，我們會成爲一道瀑布。到時候，你將目睹河流從地平線消失。」

我瞪著前方看，嘴巴唸唸有詞。頓時，內心有股巨大的疼痛感。我明白，自己無法承受即將面對的劇烈轉變。河水將成爲急流，甚至從地平線消失於無形，這一切聽起來多麼不可思議。以前，我太忙於與其他小水滴嬉戲，根本沒留心前頭瀑布向下掉落的急促聲。當然，那些尾隨河水向下掉落的小水滴，最終會化爲無形，不再存在。

「我辦不到，河流之母。因爲之前從未有此體驗，我想我的性命將難保。」我大叫。

「我了解，」她用極大的耐心回覆。「生命本爲一道道選擇題。在旅程中，你可以選擇何時消失。其實，轉變並未帶來眞正的死亡，之後，你還有再次現身的機會。從你由水蒸氣凝結、自空中掉落，到掉入水池內，一切早就發生了。」

「好險！」我釋懷的嘆了口氣。「沒錯，我知道怎樣在小水池內生存。我可以再次重複這樣的過程。」

於是，我不斷回憶暴風雨打擊身體時的恐懼、小狗貪嘴的舌頭和毛絨絨的爪，以及洪水的力量。一切的困境，培養了我求生的技巧。其實，我已經具備了很多應變能力，應當曉得如何順從生命的過程才對。不過，眞的如此嗎？

河流之母的看法完全正確，體驗生命沒有所謂錯誤的途徑。那麼，我的心選擇了哪一條？

我可否待在熟知的安樂小窩內，避免暴風雨、狗和洪水的侵襲？現在，我才明白自己甚至還未與生命搏鬥過。倘若先前勇於面對洪水侵襲的經歷，下一次我就知道如何因應，而不再只是目瞪口呆、啞口無言。即使內心驚惶不安，我還是信任自己和生命的歷程。

猶如河流往下流的速度，我的思慮也變換得很快。我的心臟怦怦跳，但不再是因爲恐懼，而是釋然之後的愉悅。我的心，正與我交談。

「生命是一道道選擇題。不論何時，我都能夠選擇讓身體四分五裂，再度成爲空氣的一分子。當然，如果現在這麼做，我將永遠不曉得瀑布的另一端爲何，或者河流轉彎處的四周有些什麼。」我如此總結，「這麼做只是自我欺瞞，不能活得更加有生氣。」

剎那間，我對生命更有熱忱，精神也備感滿足。可以說，我的生命層次變得比往常高。

「我還想要更多！」我對河流之母如此吼叫，那時她正在亂流處發出可怕的聲音。「既然我已經體會過較高層次的愉悅，就不可能放棄往後的任何點滴。只窩在小水池內，或者任憑洪水侵襲、攜帶，這些全都無法滿足我的欲求。」

當我做了如此的決定，剛好來到峭壁的邊緣。於是，在深呼吸後，我鼓足勇氣面對即將來臨的新生命。速度越來越快，我被湍急的河水迅速往下帶。儘管這是我體驗過最快的速度，但卻不至於眼花撩亂。

在急流中，我歡笑、歌唱和遊玩。在看見自己快掉落另一處的峭壁時，我奮力向上跳，心中混合了恐懼和興奮的情緒。我下定決心要體驗生命，再也不過度保護自己。

我正順著瀑布，一個個由上而下越過岩石。沿路上，我聽見其他小水滴的聲音。它們有的苦痛、嘶聲吶喊，有的極爲興奮呼叫，但大多數卻啞口無言和無動於衷。後者，正期待可以在懸崖底端重新過活，檢視生命帶來的禮物。

在掉落懸崖當中，我一會兒猶如車輪般打滾，一會兒在空中翻筋斗。轉變，使我獲致新的力量，進而產生愉悅，感染身體的每一分子。有時，我會潛入濺起的瀑布內，再跳躍到半空中。偶爾，陽光和水氣凝結的薄霧相結合，產生令我傻眼的美麗彩虹。彩虹，使得我更有勇氣面對生命的轉變。

一切如此狂放，我不禁尖叫宣稱新的自我爲何，「自由！我多麼活蹦亂跳！」身體的每一分子，正爲新獲得的力量慶賀。我再也不會被河流或瀑布恣意牽著走，當然更不可能面對由峭壁往下掉落的危險。

如今，我積極參與生命的過程。新的力量，乃源自我成爲瀑布。不久後，我也將成爲下游河流的一分子。

「想想看，」我笑著說，「過去我有過最瘋狂的經歷，是成爲骯髒的小池水。那時，不但得躲避暴風雨，還要預防小狗的襲擊呢！」

第一章

責備、批評和自我肯定

當鬧鐘在清晨七點響起時，我睜開雙眼起床了，並且聆聽收音機裡整點的新聞廣播：

「今天的即時新聞：關於商店搶劫的最新連線報導。日前確定三名蒙面歹徒，在地下鐵附近總共搶劫了八家商店。

「今天早上大約五點四十六分的時候，一艘即將靠岸的船隻在港口外海漏油。污染的海面超過十六哩寬。

「昨天下午，有一名歹徒在州政府挾持五十七名工人當人質，直到今天早上六點十二分歹徒被擄獲後，才正式告一段落。

「今天天氣晴朗，同時也相當炎熱！明天開始會有雷陣雨。稍待我們會有更詳實的報導。」

拒絕擁有自己的力量

自文明以來就存有的虐待、暴力、犯罪和污染問題，如今更加明顯，以致有越來越多人尋求諮商輔導，或加入一些成長團體。比起以往，有更多的人想深入理解生存的意義。

於是，他們在尋求「生命意義」的同時，也希望能夠多理解和處理有關個人的問題。

甚至，那些已經在個人或事業上得到成功的人，也會期望能夠擁有更多的快樂和滿足。

另一方面，今日社會的變遷也反應在商業交易上。

下列的表格，比較了八○和九○年代商界研討會上的熱門話題，藉此可以看出一些端倪：

八○年代的熱門話題	九○年代的熱門話題
銷售	價值和道德
時間管理	信仰系統，整合性
壓力管理	個人成長的相關事宜
品質管理	全方位品質管理（TQM）
優異性	優異性之外的變動

這是我多年來在研討會上收集來的資料。這些來自各個領域的參與者，最常描述他們期望可以擁有更多諸如下列的事物：

情愛、健康、金錢、成功、友誼、遊玩、喜悅、刺激、更多的權力、智慧、生產力、理解力、意志力、合宜的社交生活。

由此可知，我們會尋求更多的機會，去體驗那些自己注重的事物。雖然我們迫切希望個人成長和擁有力量，卻忘了自己只是向外尋求解決問題的方法，沒有認清問題的根本。

在我的工作上，經常碰到那些被我稱爲是低自尊的人，也常見到所謂的工作狂、完美主義者、過度好勝和尋求外在肯定的人。以我個人爲例，當我自尊心低落時，會有以下的特質：降低欲望、退卻，行爲似乎遭到社會或藥物的毒害。

因此，在接下來好幾年內，我嘗試過許多可以增強個人力量的技巧，從培養自信，到自我表達的課程均有。到最後我才明白，這世界上根本沒有「低自尊」這回事，一切只起因於我拒絕擁有完整的力量。

那麼，哪些事會阻礙我們的自我實現？

▼自我批判

自我批判，是造成內心混亂的最主要原因。它會阻礙我們個人的成長，也會讓我們一再以錯誤的方式看待生命。自我批判即代表我們不認同自我。

我們是自己最嚴苛的挑剔者。不論何時，我們總會一直批評自己和貶損自己，如此忙著挑剔自己，根本沒有時間或精力來評斷他人。

請想一想，我們對自己的批判是如此荒唐。我們只要對自己負責即可，況且，我們的生命並不是用來取悅他人，生命的目標是學習與成長。倘若沒有冒險，沒有遠離那溫暖舒適的小窩，我們又如何成就任何事？就是這股自然天成的本性，造就那些被我們忽略的錯誤事件。因此，失敗才是我們成功的關鍵。猶如日本諺語所言：「在跌倒七次後，第八次即是站立的契機。」

想想看，不時質疑別人對我們外表或舉止的看法，是多麼不合理的行徑。我們爲自己設限的範圍在哪兒？如果在進行隱密的個人事件時，我們不要求他人別自己評判，那麼處於公眾的場合中，爲什麼我們會期待或者允許他人如此做？

▼不去體驗情緒

情緒是行動的力量，並且存在於我們的內心。在感受情緒時，我們猶如嬰孩一般純潔。嬰孩會一會兒笑、一會兒哭，一直重複著這麼表達，絲毫沒有批判、沒有成見。看起來情緒不過是他們生命的一部分，生活則是他們專心致力的目標。所以，壓抑情緒是在束縛對於生命的熱情。

我們有兩種選擇：其一，甩開可以使自己生命豐富、壯碩的有利工作（情緒）；其二，只隨波逐流（社會價值），即使海浪衝擊（情緒）使得我們心生震撼，卻一再對自己撒謊，不願面對內心眞實的感受。不過，你知道嗎？壓抑情緒和以下行徑有直接的關聯：犯罪、肉體疾病、藥物濫用、孩童虐待、家庭暴力及其他社會問題。

▼沒有具備好應有的力量

所謂具備自己的力量，指的是我們有意識的為生命做決定和選擇。一旦喪失這股力量，我們就會期待他人的眷顧，期待別人為我們解決問題。然後，我們會因為生命種種的不如意，而去責備周遭的人、事或物。

阻礙自我實現的最大因素，是我們並不期待自己成為那位眞正強而有力的自己。說穿了，我們並不希望承擔起生命的全部責任，即使在不可能犯錯的情況下也是如此。生命如同鞦韆，我們要不是在瞬間捉住它，就是任由它盪到我們的背後，再重新試一回。同樣的道理，如果我們曾經有過失敗的體驗，接下來一定會有很大的驚奇在前頭等著我們。

▼評判體驗

通往痛苦的道路上，充滿我們對自己的評斷和期望。一旦我們對自己的經歷做出批判，就會有某人（自己或者別人）成為責罰的對象，似乎這個人必須為眼前的種種負責。此外，評斷經歷也會造成內心極大的衝突，因爲這種作爲與現有的環境相抗衡，阻礙了我們從經驗中記取智慧的能力。

現在就是我們擁有自個兒的力量，和認同自己能力的時候。除了體驗自己的情緒，和不給予任何批評外，我們不需要做任何事。另外，沒有任何事情需要被糾正。生命中的每一項經驗，都有其作用與目的。本書提及的一些技巧和策略，將能夠賦予你力量以處理自我疑惑和恐懼感。通常，自我疑惑和恐懼感，發生在我們花費力氣面對新挑戰的時候。所以，請務必記得，恐懼是你獲致新力量不可忽視的來源。

為什麼我們害怕？

傳播媒體不時會發布有關受害者的消息，社會上大部分的人，也都耽溺在「受害者遊戲」中。爲什麼會如此？畢竟，要我們去責怪他人，比承擔自己的成長和學習來得容易許多。不論是譴責交通阻塞造成我們遲到，或者責怪他人的尖酸使我們內心受創，這兩者都在進行受害者的遊戲。

其實，我們每一個人都有影響他人的力量，不過，猶如整個社會的風氣一般，我們都太耽溺在無力感的情境中。爲什麼我們如此害怕體驗，成爲眞正擁有力量的自己呢？是不是因爲我們對力量的定義出了什麼差錯？

《韋氏新世界字典》如此定義「力量」：有能力執行、實現活力、體力、影響力和公權力。顯然，這些特質都屬於內在特質。就像我們隨時可見，某些人在獲得晉陞後，得到了執行公權力的權責，但卻沒有辦法在這個職位久待，因爲他們覺得自己無法勝任。

我們的社會誤以爲那些具有力量的人，有一股凌駕他人的氣勢。這種看法指的是外在公權力，比如，某人晉陞到一個可以管束或操控他人的職位時，在他下面的人必須遵照他的一切吩咐行事。然而，這樣的觀念是不正確的——一個人若想獲得全部的力量，必須先讓別人喪失力量。事實上，唯有心中感到不安的人，才會認爲有必要駕馭他人，和削減他人的力量。

這樣的想法，其實直接反映了社會對於力量的扭曲意象。坦白說，絕大多數的人自覺軟弱無力，並且害怕外人知道這回事。但那些我認識最具有力量的人，卻從不忌諱表達脆弱的心靈。這些人都擁有安全感，因此，不論對自己或他人，都相當眞實和誠懇。他們對自己相當坦然，根本沒有必要向別人證明自己的能力，或者做一些可以獲致外在認可的決定。或許，他們並非一直受到他人的愛戴，但大致說來，他們對自己是尊重的。

優質的力量源自內心，並包含下列特性：親切溫柔、熱忱、敏銳及執著和穩定的能力。當然，它也包含成爲眞正自我的能力。相對於這股優質的力量，「駕馭他人」的力量源自於自覺力量不足，想藉由命令他人，來獲得外在的權勢和肯定。

一旦明白自己眞正擁有的力量有多大，才會知道下一步應該要全面接納，和承擔起生命的責任。可惜的是，社會上的所有訓練課程，與這個觀念背道而馳。

我曾經擔任某一全國性鄉村發展組織的指導者。那時，一名任職於某一主要新聞網的記者，大老遠由紐約飛到西岸尋求我的協助。我們見面了，也聊過了，就在他起程飛回東岸的前半小時，我問他是否願意去參觀我們爲當地學校所舉辦的計畫。這項計畫的目標，是協助那些曾經遭受性或肉體虐待的中學生，重新靠自己的力量站起來。令人興奮的是，這項計畫效果出奇的好，而且蒐集到有意義的資料，支持我們即將發表的新觀念。因此，我們全體工作人都期盼可以透過這名記者的報導，讓更多的孩子受惠。

他對於我們誠懇的邀請，以及和工作人員、參與者的面談印象深刻，但最後他還是拒絕採訪。他看著我說：「我們的新聞網不會報導好消息。我們銷售的是受害者、性和暴力，如果不是這些，就不可能被播放。我們只提供觀眾期望看到的消息。」

沒有錯，事實是如此，眞理卻又是另外一回事。猶如威廉．藍道夫．哈爾茲證實在美西戰爭中，之所以能解開人民的疑惑，最大功臣是來自於大眾傳播媒體。新聞和娛樂媒體之於社會的影響力，會比我們之於它們來得深遠。不幸的，我們已經被安排在進行犧牲者遊戲的情境裡。

全然接受生命的責任，對大多數的人而言是一項挑戰。比起成為眞正的自己，感覺自己能力不足彷彿容易許多。加入一個成長團體，和那些自覺無力的人一起相互憐憫，會比承擔起全部的自我責任容易許多。

其實我自己也置身其中，但有一次，我訝異的察覺出，自己是被許多面他人的鏡子所圍繞，而且那些人還一直在挑剔我的種種過往。這種領悟如此震撼人，從那一刻起，我明白了，自己才是唯一可以推動生命往前邁進的人，不論我對於這項職責如何惶恐。

生活模式的轉移

閱讀本書，表示你有意拓展安樂小窩的範疇。因此，了解社會生活模式的轉移，將有助於你從眼前的既定事實退出，進而邁入生命的下一個階段。

社會存在著舊有的生活模式，舊有的生活模式是由許多教條組成，例如：將自己的生命和現況怪罪給別人。偶爾我們會採用這套模式。當然在那段期間，我們不會接納個人、現狀和情感的全部責任。

在舊有的生活模式中，我們也在依賴他人給予自己慰藉、治療和娛樂。我們之所以責怪他人，是因為他們並沒有符合我們心目中應當扮演的角色，比如：他們應該活得快樂，並不時給予我們鼓勵、深愛我們等等。當然，我們對他人的要求數也數不盡，但簡短來說，就是他人必須承擔起「我們自己的生命」，相對的，我們也把自己生命的責任交付到別人手上。

其實，那些時常跟我們相處的人，都是能夠和我們一塊產生共鳴，和提供借鏡給我們的人。從他們身上，我們見到有些是自己不願意見到的部分。想想，有多少次我們刻意躲避他人，去跟另一位也是抱持鴕鳥心態的人交談？我們又有多少次遠離一段人際關係，去和另一位也是具有同樣難題的人建立情誼？

如今，我們的生活模式改變了。我們必須負起自己的全部責任。新的生活模式會賦予我們力量，同時也給予生活無限選擇的自由。另外，它也能夠拓展我們的安樂小窩，因爲截至目前，我們尚未習慣於自己的力量如此豐碩。有時我們會察覺出，自己內心的那個安樂小窩正面臨挑戰。

因爲，「自我」反對我們改變，即使改變有益於我們。所以，我們內心的安樂小窩正面臨著挑戰。畢竟，我們習慣於不自在，而且也學會如何在痛苦中反應。再者，我們將察覺自己正在體驗「趨避衝突」（當兩種動機衝突的時候，某一動機滿足了，將使另一動機受到挫折，就像年輕女孩想離家出走，脫離父母的掌握；但又想回家接受父母的呵護）的矛盾。

另一方面，承擔起生命責任帶來個人的自由，而這種自由伴隨著喜悅。我們大多數人已經界定自己只能接受偶爾的喜悅，至於長期接觸，對自我來說是一件威脅的事。為此我們的自我響起了喜悅的警鈴，但接著我們又變回原來的焦慮。

接下來，是比較舊的和新的生活模式。

▼舊的生活模式

即我們最常運用的教條——活在受害者的心態中；對現狀感到不滿，為此經常責怪他人；對生命，我們採取忍耐的態度，而且自覺與他人隔離；運用大部分的精力，壓抑和否認我們自己的情緒與體驗；倚賴外在因素和其他人，以求得自己的慰藉、治療、娛樂和力量。

我們常會將情緒評斷為正面或負面，也希望避免那些痛苦的情緒，不過它們卻又是自己的一部分。因此，我們不時會跟自己戰鬥（當然，也包括和他人的抗衡）。

在舊的生活模式中，我們對於經驗、情感的正面和負面批判，都會造成往後的惡性循環。因爲一再想嘗試辯解自己對於情緒的負面批判，於是，我們不斷重複體驗痛苦。我們企圖消弭不愉快的情感或經驗，而不將自己的情緒表達出來（把情緒胡亂的塞在一塊），或者以不安全的方式表達情感。

例如，我們會對生命保持緘默、變得退縮而非積極解決自己的問題、偷偷摸摸隱藏被動和具攻擊性的行爲，以及藉用酒精和毒品逃避問題。倘若這種生活模式仍持續下去，我們則有可能會從事暴行、藥物濫用、自殺傾向、厭食症或者其他自我虐待的行爲。

以上這種種行徑，都起因於不正確的觀念。有些人因爲相信恐懼會帶來暴行，所以對它敬而遠之。另外，也有人臆測，恐懼的結果會產生羞赧的個性，於是產生鴕鳥心態。

採用舊的生活模式，我們會認爲有必要糾正或改變自己。於是，我們會變得過度分析自己的人格特質。或許，我們會花費好幾年的光陰，研究內心的不安全感和對於親密關係的恐懼，是否導因於被虐待或忽視。此外，我們會對自己標上受害者的記號，因爲我們臆測某人或某事，是必須爲現狀負起責任。但只要時機一到，我們還是得鼓起勇氣，探索生命的下一階段。去感受我們內心的情緒，尤其是那些曾經被壓抑的情緒。

▼新的生活模式

即我們正在努力的目標——對生命負責；活在一個具有創意的心理狀態中；知道如何自我慰藉、治癒和增強自己的力量；可以全然接受眼前的一切，但也能事先洞悉下一秒的種種；張開雙手擁抱生命。再者，不論對自己或者他人，我們都感到有股聯繫感；曉得每一個人都可以如同我們一般，選擇成爲整體、眞實和生龍活虎的自己；准許自己感受和表達情感，同時明白如何以安全和具有組織性的方式表達；這種生活模式不但增強我們的力量，同時會給予自由，以感受眞正強而有力的自我。

採用新的生活模式，我們將明白，生命中所有的體驗都有其獨特目標；深刻明瞭、痛苦只不過是警鐘；因爲期盼現狀有所不同，我們才會視它們爲苦痛的體驗。

然而，一旦整合過由體驗獲致的智慧，我們再也不會感受到苦痛的存在。

己。

另外，我們不會再繼續否認或反抗自我，因此，並不覺得有必要糾正或放棄自己。

我們將不批判自己，也可以說，是全然接受了自己的全部特質。要知道，一旦不再和真正的自我相抗衡，和接納了屬於自己的特質，就會給自己帶來自由。

這表示新的生活方式將賦予我們新的力量，而你就是全部，並非只是一半的自己。我們也將全然挑起生命的責任，自重、自愛和自信，使生命持續發揚茁壯。

隨著我們對生命生出勇氣，容許自己完全體驗生命中的每一分每一秒，我們再也不冀望未來和現在的一切差異，也不會將過去所發生的事，與眼前正在進行的種種相互混淆。姑且不論這項新舊生活模式的好與壞，它們兩者均帶給我們不同的感受與經驗，況且，完全體驗過舊有的生活模式，也是全然體驗新的生活模式的不二法門之一。

新的生活模式	舊的生活模式
・活在具有創意的狀態下	・設法消弭自己的過去
・完全承擔起眼前的一切	・活在被犧牲的心智狀態下
・感到自己和其他人是相互聯繫的	・覺得自己和其他人相互隔離
・自我慰藉、治癒、娛樂和賦予力量	・「忍受生命」和「享受生命」的抗衡
・完全運用過去的經歷，以增強自己的力量	・設法避免痛苦或不愉快的情緒
・眞誠的擁抱生命，並明白自己可以履行心願，成爲完整、眞實和生龍活虎的人	・依賴他人對自己慰藉、治癒和給予力量
・用安全和具有組織的方式；感覺和體驗情緒；與此同時，不對任何情緒做出正面或負面的批判	・運用大部分精力壓抑，和否認我們的情感和經驗
・我們是利用自我表達的方式，來增強自己的力量和賦予自己自由；如此，我們才得以和眞正的自己一樣，強而有力	・爲了自己眼前的現況而責怪他人，批評自己的情緒爲正面或負面

另一方面，這兩種生活模式都能提供我們智慧，而且彼此不應當相互對立。舊有的生活模式是以恐懼爲依據，而新的生活模式則是以自愛爲基礎，因此，有時我們會選擇其中一者，但其他時候，卻又採納了另外一者。一旦我們可以有意識的選擇，又不會對自己的決定與選擇做出任何批判時，洞察力和理解力會油然而生。

對我而言，舊的生活模式會帶來許多驚人的禮物。事實上，在參與新的生活模式前，必須先完全體驗舊的生活模式。唯有如此，才知道身爲犧牲者的感覺和樣子如何，以及該怎樣才能走出這類的陰霾。緊接著，我具備了足夠的能力，可以面對這兩種生活模式時，我感受到兩極化的兩端情境。

情緒是我們學習、認識更多自己的捷徑，唯有藉由它們，才足以使自己過得更加圓融。況且，釋放任何情緒或經驗的唯一方法，就是擁抱它們，與此同時，當然也不給予任何無謂的批評。因爲明白每一個人都在學習，所以我們不會責怪任何人。一旦我們知道所有人都盡了最大的力量，讓生命更加圓融後，心中會更加釋懷。

遠離受害者的角色

學習承擔起生命責任，以及遠離犧牲者的角色而得到個人自由，這兩者都是生命的重要課題。唯有在眞正做到這兩點時，我們才會有喜悅的心情遊歷生命。基本上，我們必須遵守的事情是，提高意識警覺，並在沒有批判的情境下，留神觀察自己「趨避衝突」的行爲。當然，在生命的旅程中，我們的學習方向是一再被修正，且跟隨著成長而前進的。

首先，我們之所以感到受迫害，是因爲沒有留意到自己在情境中所擔任的非常角色。如果能夠變得比較有意識，我們會更清楚自己的表現。基本上，我們對別人的愛，並不會寬容到允許干涉我們的生命。我們向來不明白，別人也需要自由來犯錯和成長。

倘若想完全脫離受害者的角色，必須經歷一連串的事件和領悟。剛開始，我們會相當無意的責怪他人，之後，卻又能察覺自己並沒有承擔起生命的責任。因此，我們看見自己的「趨避衝突」行爲，以及那些自己所害怕的事物，比我們本身還要強而有力。最終，他們會理解自己如何緊抱著舊有的生活模式不放，以及怎樣認同自己軟弱無力。

現在，自我反省的時刻到了。我把自己定位在哪裡呢？倘若我將自己的不愉快嫁禍給別人，這會比承擔起生命的責任來得容易嗎？我得從這件事學到什麼，如此才不會再次面對雷同的體驗，徒增生命的苦痛。這些問題的答案，都可以提供我們清楚且明白的認知與指引。

生命的本質，說穿了就是一連串的幻想。總有許許多多的事件發生在前頭，為此，我們感到迷惘，甚至希望可以掌控一切。不過別忘了，儘管我們的恐懼一再出現，信心卻永遠不枯竭。

有什麼事需要原諒？

有時，我會回過頭去重新省思一件事情。好比有一次，因為珍妮處理事情的方式，讓我感到深受傷害。她當時承受了莫大的壓力，設法想與自家人一同突破困境。我們的問題在於，我以為她會直接尋求我的協助，結果她沒有，她選擇了平靜過自己的生活。因爲這件事，我發現自己心情變得紛擾不安。

事後我回過頭去看，冷靜客觀的省思，才恍然明白，如果我在那個時候對自己的愛足夠的話，一定不會覺得受傷害。我了解到，自己是如此的渴求掌控事情——想依著心中的期望擁有它們，但卻反過來受制於自己的欲望。坦白說，我從珍妮身上得到寶貴的體驗，畢竟，那時候她有必要在沒有我的干預下，獲得成長的自由。

當時連續好幾週，我的心情都維持在憤怒和生氣的狀態中。當然我也明白，在某些方面，自己仍未從經驗中得到智慧。相當諷刺的，儘管很久以前，我就修習過有關自我接納的課程，但卻又感到被迫害。

最後我總結，如果處於以下這兩種情形，我們的情緒依舊會是憤怒的；尚未從經驗中學到智慧，或者想要爲難他人來保護自己。可想而知，爲了保護自己而爲難他人是行不通的。在眞實的世界，我們確實會利用經驗，作爲逃避生命責任的藉口。但我們必須明白，自私的心態會爲了眼前的情況而責怪他人。

此外，這項經驗也使得我思索有關「原諒」的基本定義。根據《韋氏新世界字典》說，原諒即是放棄怒氣。由這定義可得知，是別人做了對我們有害的錯事，而我們放棄對他的怒氣。但身為個人，且又過著社會群體生活的我們，確實也需要別人做錯事，才得以不時糾正自己的行為。

當每個人都單純擁抱與生俱來的力量時，社會將被自由的氣氛籠罩。這種轉變，是因為我們每個人都改變了生活模式。個人的轉變會相互傳染，於是，一傳一，十傳百……每個人都彼此聯繫在一起。

關於這種現象，我們已經從科學家的研究報告中得到證實。科學家們研究的對象，是居住在島上的猴群，結果他們肯定的指出，當某一隻猴子開始在進食前洗滌水果，緊接著，住在同一島上的其他猴子起而效尤。基本上，社會變遷始於少數的個人，然後彼此相互留意、感染。

倘若擁有全然的力量面對生命，我們對別人就不會一味苛責，更不必談原諒的事。況且，在明瞭生命的運作後，我們會明白周遭的人、事、物是如此十全十美，根本不應該被責備。我們有必要提醒自己，不要期盼別人「該怎麼做」。

原諒並非慈善行為，而且我們如此做的動機，也不是起因於帶給別人利益。我們之所以原諒別人，坦白說是因爲生氣和憤怒已經讓我們筋疲力竭，而且造成肉體上的疾病。相對的，「原諒」讓我們不再因爲痛苦的經驗或舊的生活模式，而一再自我批判。

從批判轉移至內省

如果意識到自己正在責怪別人，或者沒有承擔起生命責任，我們也沒有必要自我責備。因爲，那些熟悉的生活模式，都只不過是我們的好朋友。一旦我們有意識的過程，而且打開心胸接納個人的改變，生活模式會主動跟著不同。反之，自我批判只會一味拒絕改變。一旦我們自我批判，就等於在創造自身的監獄。在監牢內，我們會吹毛求疵，不斷的自我批評和傷害。

留意如何批評他人，進而自我覺醒，這是很要緊的事。接下來可能的反應如下：

・哦，我仍然因爲＿＿＿＿＿＿而批判他們。

・因爲我們都是彼此的借鏡，因此這種情形鐵定在提示我，自己依然是＿＿＿＿＿＿＿＿。

・其實，我很樂意見到他們爲我所提供的暗示。現在，我再也不必浪費任何精力，否認自己依然是＿＿＿＿＿＿。

請在上頭的空格中，塡上我們經常會批評別人的話，例如：

不具有安全感　閉塞的心智　恐懼的　生氣　毫無生氣　無動於衷
高傲無禮　將自己的情緒投射在別人身上　容易發怒而攻擊別人

當我們將心智打開，接納那些由經驗中獲得的智慧，生命最深奧的改變就會產生。其實，一旦想改變既定的生活模式，我們的內心會產生變化。另外，我們還可以問自己這些問題：在改變的過程中，我所擔任的角色是什麼？責怪別人，爲什麼比成爲眞正強而有力的自己容易？如今我該學習哪些事，才不會再碰上這類的事？

一旦感覺和表達出情緒，我們會特別感受到，一股新的精力正在體內旺盛的流動著。

於是，我們開始留心生活，不再爲別人而大失所望。

我們可以選擇如何過活。當把心思放在生命的旅程，並且深愛著自己時，我不可能有多餘的精力，來批判別人的行爲。此外，我也不會期盼別人能夠吻合我的需求。至於那些讓我們發怒或生氣的幻象，正是我們認識自己的媒介。將這些幻象比喻爲指南針，經由它們，我們才知道何時該拓展安樂小窩了。

每次企圖批評別人時，我們得戒愼恐懼。詳察其中的原委，如此不但做到了自省，還能提早防範。我們明白這一切就是我們生命的借鏡，可以爲生命帶來更多的喜悅與力量。

品味問題

1. 你會嚴厲批判自己的哪些領域？
2. 對你而言，自我創造的牢獄是什麼樣子？
3. 過去的經驗，有哪些是你現在還繼續在批判，而非已經利用它們獲致更多的力量和自愛？

4.倘若明白生命中沒有事情需要被糾正或更改，它們都有其獨特的目的，那麼，這個領悟有帶給你較多的自由嗎？

5.一生中，你比較容易責怪別人哪些事？換句話說，你並未擁有全然的力量面對生命。

6.一生中，你比較願意承擔哪些自我的責任，而不會因爲自己的人格特質與處境一味責怪他人？

7.你比較容易感受和表達哪些情緒？

8.大約描述有哪些安全和有組織的方法，可以用來表達工作上的挫敗感。

舉例說明：

a)捶打或捏塑放在抽屜內的一小塊陶土。這方法可以讓你一邊正常地工作，同時能表達自己的情緒。

b)開會或坐在辦公桌辦事時，你全身的肌肉通常處於緊繃的狀態。因此，請花幾分鐘做做深呼吸。在每吁一口氣之後，緩緩吐出空氣，藉此即可釋放全身的緊張，和降低承受壓力的程度。必須留意自己並非在否認緊張和挫折感，這只是表達情緒時安全和有組織的方法。現在，你是不是感到擁有較多的精力和比較不緊張了呢？

第二章 為什麼我們如此害怕情緒？

情緒這玩意兒真的不好嗎？

社會教導我們，要重視智識和直線式的思考，不必浪費精力在情緒上。別忘了，人之所以會有左、右腦之分，是因爲不論智識或情緒，兩者都能讓我們完整體驗生命。

也就是說，我們依賴它們自我實現，獲得快樂和成就感。

但我們長久以往的教育和價值觀養成，讓我們以爲智能可以解決問題，被教導在乎情緒這玩意兒是在浪費時間，而且惹人討厭，使我們無法有效、理性的迅速解決問題。此外，社會也一再的告訴我們，情緒會讓自己分心而無法將心思放在工作上。

通常，人們會用以下這些話告訴你：

・善用你的大腦，而不是那顆心。

・用腦子想，不是用心去感覺。

・不要被你的不理性迷昏了頭。

畢竟，我們都是忙碌的現代人，要我們感受內心的恐懼或害怕，是一件奢侈的事，所以我們向來不把它當一回事。「等一會兒我再處理」，是我們常有的反應，然而卻忽略了就在那一刻，情緒正力邀我們去體驗更豐富的生命，開發我們更多的自由空間。

這種「相信只要依賴智識力量，即可解決生命種種挑戰」的信念，被許多以目標爲導向的課程用來作爲理論的磐石。諸如許多的視覺表象和神經語言學的課程安排，均以智識的觀念爲依據。

不過，因爲我們是注重整體的生物，所以，即使這類課程提供了有用的工具，但終究不是完整的答案。

偏愛為情緒貼上標籤

我們不願意體驗情緒，卻又愛談論、分析情緒。儘管我們不得不承認情緒存在的事實，不過又忙著爲它們分析、定義、貼上標籤，似乎唯有讓它們依附在我們的智識底下，我們才能過得自在些。

然而，一味的對情緒分析、貼標籤、下定義，只會阻擾生命自然的演進，延緩我們體驗眞實的生命，限制我們從現實中領悟的能力。

過去，我們總以爲自己當下的情緒，是兩極化的其中之一而已，但事實上，我們經常同時感受兩極化的情緒。舉例來說，當我們面對新的挑戰時，經常是又興奮又害怕的。這時，如果我們只忙著分析、貼標籤，會錯失情緒所蘊含的微妙和暗示，而正是這些微妙和暗示，左右著我們的生命。

隨著年紀的增長，我們慢慢會進入情感的奇妙世界，大多數人會開始體驗種種情緒，但不用多少，會再度退回到以智識爲主導的世界。實際上，身爲情感生動的人類，被鼓舞用心理分析的角度來看待情緒、成爲理性的人，是不客觀的。儘管我們是在受害者的情況下，社會允許我們可以在這時表達自己的負面情緒，但卻鮮少得到支持，協助我們成爲眞正強而有力的個體。何謂強而有力的個體？這意味著，我們可以完全負起生命和行爲的責任。

可惜的是，在情緒這條路上，我們缺少可以仿效的人，向我們示範如何以安全且具有組織性的方式，感受情緒爲我們帶來的自由。另外，體驗感官知覺不但可以使情緒獲得釋放，同時也會讓我們實際的活在當下，並且將自己的能力發揮得更淋漓盡致。

只能直線思考嗎？

也許你會認爲，許多有價值的觀點與技巧，都來自直線式思考（智識上），但它們無法提供一個圓滿的答案，告訴我們怎麼去追求。沒錯，「我思故我在」，但情緒也是眞實的，它是我們潛意識的一部分，也是我們思想和創造過程的支持者或破壞者。我們並不知道，忽視情緒的存在，只會逐漸侵蝕以往追求個人生活所做的努力，以致我們的情緒越來越壓抑，甚至越來越感受不到情緒。結果，卻破壞那些可以體驗情緒的機會。這種情況會成爲一種惡性循環，直到我們理解隱藏在情緒背後的智慧爲止。

人擁有各種不同的面向，包括智識、情感、肉體和精神特質。因此，任何以單一或不完整面向作爲立論基礎的論點，都無法帶給我們好處。

所以簡單的體驗自我，是我們獲得自由的有效方法。感官知覺，可以使我們與眞實的自我產生關聯，畢竟，情緒是一種極個人的語言。有時候我們會感到內心傳來熱血沸騰或膽戰的聲音，彷彿都在傳遞某種訊息，告訴我們該注意什麼、該做些什麼。因此，每當忽視生命的內在訊息，我們會喪失採取最佳行動的重要提示，並把自己的生活圈封閉起來。最後，我們會因爲身心的相抗衡，逐步增加自己的得病率。但社會的價値觀，鼓勵我們將心思放在成就上，而不重視身體需要自由挪動，和完整體驗生命的欲求。

情緒是我們完整體驗生命的要素，和獲得自由的主要工具，然而，我們卻不熟悉它們表達的含意。過去，我們不准自己適性而活，以致情緒總是被壓抑下來；現在，我們要和情緒一起飛翔……

害怕自己太過情緒化

打從孩童起，我們就被教導不要太情緒化，於是，我們很快學習到，大人們會對我們的情緒反應不耐煩。當我們與那些厭惡自己的情緒，或由於某種緣故而不期望與太過於情緒化的人作伴時，通常會聽見類似以下的說法：

- 請控制好你自己的情緒。
- 大男孩是不哭的。
- 不要愁眉苦臉的，好嗎？
- 擦乾眼淚笑一笑！
- 事實上，你的感覺並不對。
- 你知道，現在我們沒閒功夫管那檔子事。
- 當你表現良好，我就會讓你……

• 你這個樣子，我怎麼和你相處？
• 現在我可沒閒工夫或熱忱跟你瞎攪和。
一旦我們體驗過以上種種經驗，於是學到：
• 我不能夠有這種感覺，不然的話，會使別人不愉快。
• 如果不是脾氣好、個性甜美、討人喜歡的話，別人是不會喜歡我的。

如果我們需要這種認同，那麼無疑的，我們也甘願忍受社會對於情緒種種成文或不成文的規範。猶如以上這些人一般，我們會變得不真實和軟弱不堪，不論對別人或自己都是如此。說得明白些，我們犧牲部分自我，以換取社會大眾的認同。這也說明了為何社會一直存在著那些迷思。

社會教導我們必須拒絕幻想、擁抱認同。適當的認同，意謂我們必須擅長跟別人配合；與社會融合為一，才能獲得成功。要擁有這種認同，通常必須具備以下的特質：外表看起來充滿自信、智識、競爭力，以及有辦法控制住情緒。於是，我們學會了自我控制，但大多數的人卻因此喪失自我，和對周遭人、事、物的熱情。

這種情形尤其以男性為最。男人被界定為不可以在公共場合表現出自己的情緒；相對的，情感的表達早就被貼上「女性的弱點」的標籤。因此，現今有許多專業的職業婦女起而仿效男性，希望藉此得到較多的晉陞機會（當然，這是一種不切實際的幻想，因爲她們的情感被壓抑了）。

我們的社會將生氣、憤怒、悲傷、厭惡、孤寂、難過、恐懼、害怕、嫉妒、罪惡感、欲求、麻木不仁、自我厭惡、不安全感……種種情緒視爲負面、痛苦和不舒服的。

一旦任何人表達了上述的一種情緒，人們大多會感到非常不自在。在這裡，我們強調的是和社會價值觀背道而馳的觀點。我們不認爲人需要摒除以上種種情緒，這些不一定都是負面的，它們是我們的一部分。倘若我們面對這個事實，更能體驗而非壓抑自己的情緒，如此一來，即能終止內心掙扎和整個社會暴力的惡性循環。只要我們以歡迎和接納的態度，來面對自己的情緒，就等於在擁抱全部的自己。

一味的批評自己的思想和情緒，彷彿拿把刀挫自己的銳氣。一旦有了批評，我們便會爲身上的這些標籤痛苦不已。因爲情緒和思想都屬於我們，爲它們貼上標籤，內心就會產生羞恥、焦慮和分離感。其中這個分離感不但會造成我們內心的衝突，同時也導致我們跟社會其他人格格不入。於是，我們會設法將自己分解，區別好的自我和不好的自我。

此外，我們也自認爲跟周遭的人不太一樣，別人不是比自己好，就是比自己不好；於是乎，我們常會覺得自己比某些人卑微，而且比起這些人來也顯得力量微薄。也會讓「無力感」充斥在自己的生命中，使得我們覺得自己猶如社會的受害者。

甚至有時候，爲了迎合他人的認同，我們會選擇抗拒自己當下的情緒。在這種情況下，你可得當心，因爲這是正在把自我和感情剝離出來。把你的感情凍結起來，要知道這是一種犧牲自我內心的情感作爲，讓我們背叛了心、背棄了自我，同時蓄意降低自我的熱忱，削弱了我們本身的力量。

何謂「負面情緒」？

近幾年來，我們熱衷於追求精神層面的成長，大多數人認爲，那些精神層面發展良好的人不會有「負面情緒」。於是，人們一窩蜂的學習靜坐、冥想，希望藉此驅除負面情緒。

事實上，並沒有所謂的負面情緒存在。我們面對的只是情緒而已，只要我們不批評自己的難過、厭惡、恐懼和生氣，就等於我們認同自己，可以從內心獲得無比堅定的力量。

對於情緒，唯一我們必須做的，就是有意識的體驗它們。

你是不是有時會否認自己也會嫉妒好友？這樣你就沒辦法忠於自己的感覺，同時也阻礙了彼此的親密關係。反之，如果你能向朋友坦誠你的嫉妒，你們之間會更親密，不會有誤會產生。

情緒並不能代表個人，它只是我們的一部分，因此，通常人們不會對我們一時的情緒，否定了我們的人格、個性，但是藉由坦承彼此的情緒，可以促進雙方的溝通與了解，讓你們的關係更明朗、情誼更堅定。一旦你體認了這個事實，就不會再浪費精力，去壓抑或抗衡自己的情緒。

而且一旦你向對方坦承你們的關係不穩定，也就意味著你會打開全部的心智，全力迎向這個挑戰。反之，假如你一味的想隱瞞這個事實，那麼即使你們人在一起，心也並非完全同在，而且別忘了，對方也是一個有情緒感應的人，當你從彼此的關係中退縮時，他也感受得出來，於是，你們的相處被你的恐懼和不安充斥且僵在那裡。

精神層面的成長，並不代表我們得和別人分離來獲得優越感，而是讓我們感受到身體、心智和精神所涵蓋的整體自我。當然，這種成就的完成，沒有一定的終點或標準可言，每一小步的長成，都能夠讓我與自我更加合而為一，促使我們更進一步與自己的其他部分、和周遭的人、和那些值得讓我們仿效的人，發展出更健康和諧的關係。

如果你否認自己的恐懼感，即意味著你沒辦法體驗或發洩怒氣，且抑制了那個有效的情緒資源。再者，一旦遏阻了生命活力的重要構成因素，等於耗盡對自我的全部熱情（這股熱情，是賴以爲生的力量）。到後來，變得沒有一件事是可以自我超越的。於是有人希望藉由放鬆、靜坐的幫助，控制好自己的情緒，但通常這些人不太願意去體驗情緒。

真實的情況是，我們根本不需要控制情緒，我們所需要的是，能夠把情緒經過組織安全的表達出來，而不是抑制自己的怒氣，等到哪天壓不住了才爆發出來，甚至是這股怒氣在心中發酵、積壓，直到有一天，它以最具殺傷力的形式釋放出來。

尤有甚者，倘若依舊誤用靜坐放鬆技巧來否認情緒的存在，會在體內創造一股壓迫的力量。這股壓迫的力量，正是導致人們患病的誘因。「囫圇吞棗」的方式，並不能解決我們的情緒問題，人深埋在內心深處的情感不會因而消失，唯有當我們找到認同看重感情的看法時，它才會逐漸融入我們，和我們合為一個完整的個體。

所以，我們必須解決問題，而不是一味逃避。如果不能有意識的體驗感官，就無法懂得身體所提供的暗示：胃痛，告訴我們內心的惶恐；喉嚨哽咽，表示那一刻我們想吶喊；至於臉部通紅，則意謂我們正處於大怒或羞赧的狀態中。因此，如果我們不將情緒表達出來，就表示我們忽略了身體，讓它變得脆弱不堪，甚至引起疾病。

至於靜坐和放鬆技巧，它所蘊藏的價值都頗高，我們可以運用它們來自我發掘。我們的身體無時不在傳遞訊息，告訴我們該注意的事，我們所要做的就是聆聽，學著去關愛自己，成為自己的啦啦隊，不時的鼓舞自己向前邁進，樂意成為真正的自己！

害怕情緒掌控了你

我們的工作倫理，是世界上最強的信念之一。大部分的人以為，做事有效率並同時感受自己的情緒是不可能的。只有很少人知道，情感可以產生力量；只要我們認同自己的情緒，就能增強自己的力量，這股力量可以幫助我們美夢成真。

每當我們開始表達情緒時，內在的聲音可能會這麼說：

- 這是不安全的。
- 如果你開始了這一切（如：哭泣），將會沒完沒了。
- 情緒將會控制你，接著你會為自己或別人感到羞恥。
- 你會失去朋友和那位心愛的人。因為你的這一切作為，將使得他們不自在，而他們也不會想跟你在一起。

下面這段對話，是出於我擔任心理諮商師時，與患者的一段個案研究。這名接受諮商的人，才剛剛開始准許情緒在體內自由流動。

患者：「我感覺自己如此失控。每回開始允許自己體驗情緒時，做事就失去往常的效率。說真的，我很害怕自己再也回不來了。」

諮商師：「這很正常，你不再是一個機械人，以後也不會如此了。」

患者：「但是我很擔心，如果這樣繼續下去，自己會變得一無所有。」

諮商師：「知道嗎？你現在的生活已經平衡許多，你活著的目的不再只是工作，而是體驗生命。因此你會認真的生活，不再只是一味的工作，而將真實的自我隱藏起來。此外，在短時間內，你的腦袋不但更清晰，工作效率也會比以前好。」

幾個月後，這名患者果真大大提昇了工作效率以及收入。最後，她決定減少公開演說次數，如此才能撥出更多的時間與自己相處。

每一次深刻感受過情緒之後，我們會得到更多的自信。然後，就像骨牌效應一樣，雖然我們感到自己的情緒，也變得比較脆弱，卻是一個完全忠於自己。做一個最眞的人，並做到眞正與自我同在。與此同時，許多周遭的人也變得樂於和我們相處。

有時候，我們會過於在意，這樣做會不會太情緒化，使得別人不知道怎麼和我們相處。

事實上，這是多慮了，人際關係是互動的，順著別人的想法去做，你只會成爲別人心中的那個樣子，別人永遠沒辦法認識到眞正的你，像這樣是沒辦法解決問題的，唯有做眞正的自己，讓別人感受到那些生命自然流露的情緒。

害怕感情壞事

好幾世紀以來，「感情」既是創造者，也是毀滅者；是殺戮的原因，也是生產的原因。即使人們受過文明的薰陶這麼久，依然不知道如何用有組織且安全的方式來表達自己。以至於我們壓抑或過度反應情緒，不僅傷害了自己，也刺傷了別人。

稍微的哭泣是容許的，過多的淚水就必須有個理由。這是一般的社會價值觀，也因爲如此，當我們去看場令人傷心欲絕的電影或參加葬禮時，都不希望自己「失態」，努力的克制自己悲傷的情緒。同樣的，愉快的微笑是可以的，大聲的開懷大笑是不可以的。此外，最好不要生氣，連個開端都不可以，如果眞的必要，也請只針對當事人發脾氣，絕不可以遷怒他人。

但是這樣長期壓抑的結果，心中的氣一直在積壓、醞釀，最終你不得不尋找一個出口，以外向型傷害（如：暴力行爲）或內向型傷害（傷害自己，如：沮喪或企圖自殺）的方式表達。像這種傷害性的行爲，都是導源於我們無法坦然面對自己的情緒，而學著如何與情緒和諧相處，首先，我們必須先學會接受自己，擁抱、深愛你的每一部分，以眞實、誠懇的態度和自己共處，並以同樣的方式跟別人接觸。

根據我的經驗，那些修習過自我接納課程的學生，通常比較主動、有意識的過生活。這類的課程，對自我發現有實質上的幫助，能夠幫助你找到自己的願望，達成你的人生目標；參加這類課程的人，通常很渴望成爲眞正的自己，也有十足的勇氣去自我實現。

大多數人所修習的，諸如「控制負面情緒」、「妥善處理好生氣」、「消除沮喪」、「快快樂樂過生活」等課程的目的，包含了釋放或消除「負面」情緒。然而，這種消除負面情緒的動機，卻又成爲我們追求成功的最大阻礙，讓我們防範自己去意識情緒、感受情緒，以致我們對於事實的感受力越來越薄弱，甚至反抗既存的事實，這種情緒的反應，不會顯現在肢體和情緒上，卻使得我們的思路越來越模糊，越來越腸枯思竭。

在所有情緒當中，生氣和恐懼是被社會批判得最嚴厲的兩種。顯然，這兩種極具價值的情緒，已經被標上「危險」、「暴君」和「次等人格」的標籤，有關這類的「治療」課程、錄音帶和書籍，更是充斥在我們的生活周遭。

但是，你必須清楚的知道，情緒本身並不會傷害人，體驗它，只會爲我們帶來始料未及的幫助和好處。生氣，代表我們愛著自己；有了恐懼，我們才更懂得怎麼去愛。一旦我們把憤怒發洩出去，便能夠以更坦然、更開明的態度面對生命，內心也才能夠再度開放。所以，所有的情緒都必須被體驗、被經歷。我們必須知道的是，任何時候，我們屈就自己、同情他人，對他人或是自己都是不公平的。

所有的情緒，快樂、愉悅、憂鬱、不幸……具有相同的感染力，快樂可以分享，不愉快的情緒同樣也可以爲別人帶來些許好處，讓別人知道較之他人，他們是幸運的。於是，不論你我，更能專心致力的追求所嚮往的生活，而不會坐這山望那座山高，可以盡情的體驗專屬於自己的喜悅。

第三章

完整的生命體驗

大多數的人都渴望擁有自己的人生，但卻沒有進一步准許自己的生命開花結果。你如果想全面體驗生命，就必須接納兩極化的觀念。兩極化，正是本書重要的觀念之一。

兩極化的情形，會自然在生命中發生。坦白說，一切的兩極化都是相互矛盾的情境和情緒。想想看，存在於我們周遭的事物，幾乎都有其相對的——熱/冷、生龍活虎/死氣沉沉、年輕/年老、健康/病態、富有/貧困、自我疑惑/自信、快樂/難過、恐懼/能量十足、情愛/憎恨……有意識的體驗生命兩極化，能夠使我們成長茁壯。

一旦我們完全體驗過其中的一個極端（例如：沒有安全感或難過），接下來便會與它的相對者碰觸（例如：自信、較少的恐懼感，以及喜悅）。基本上，我們都害怕新的挑戰，不過又得提起精神坦然面對一切。不論結果如何，只要有勇氣試探下一階段的生命，我們的力量與自信必然會倍增。

過去，我們被教導有些情緒是好的，有些則是不良的，例如：情愛是「好的」，而憎恨是「不良的」。但體驗喜悅和自我力量的增強，的的確確是件趣事，只是，我們通常會以難過、恐懼、孤寂和生氣為恥，進而企圖躲開它們。好比我們不喜歡和不愉快的情緒打交道，因此當周遭親友有人陷入這種負面的情緒困擾時，我們會說：「沒事的，千萬別這麼感覺。」

實際上，我們已經將部分的自我標示為正面和負面。我們痛恨感受不愉快的情緒，卻深深喜愛著快樂的情緒。這就是關鍵所在！如果沒有深刻感受過負面情緒，便無法全然沉浸於喜悅和力量增強的情境中。倘若我們的心態否認情緒，便不可能全然的愛自己、愛他人。因而我們有必要感受內心的所有情緒，不論痛苦或愉快。

生氣，是情愛的另一面。一味否認內心的怒氣，只會讓我們的體內精力受阻，進而抹煞對於他人，甚至對自己的熱情。反之，用適當的方式表達怒氣，是准許自己對他人敞開心胸的一種方法，而且透過這種方式，我們可以再次全然的愛自己。

我們正在跟生命玩遊戲。每一項經歷都是學習，根本沒有所謂的失敗。一味以成功或失敗衡量自己的表現，反而使我們內心的恐懼加深，終至左右我們的生活。

「恐懼」是我們的朋友，可以協助我們坦然面對危機，也會提醒我們應該注意哪些事，比如：在暴風雨中開車得多加小心。另外，它也會向我們提出警告，更會運用各種可能的方法，使我們認同它們，如此一來，我們才得以知道該如何走向生命的下一步。因為恐懼感的存在，我們才能順利獲得更多的力量。倘若有體驗過情緒，它們便不會操控我們的生命。反之，如果我們意圖否認它們的存在，它們會瞬間成為兇狠的操控者，主導我們的每一個舉動。

可惜的是，大多數的人都在自我欺瞞，以為自己不可能獲得某些偉大的成就。推究其原因，是因為我們太恐懼失敗。

在發明電燈泡的過程中，愛迪生已經嘗試過一千次失敗的滋味，這時，周遭有許多人問他，為何要持續實驗下去。愛迪生的回答卻是，因為他已經知曉這麼多失敗的事，因此，現在離成功只有咫尺遠而已。自尊心如此高昂，使得他自信心大增，況且在一連串的失敗後，他也的確累積了巨量的知識。

事實上，有許多美國的百萬富豪，都經歷過三次以上的失敗才獲得成功。所以沒有所謂的失敗，就不是眞正的學習。而此刻我們是否眞正領悟到，停滯不前等於阻礙自己的成功？

倘若想要全面打開生命裡頭的創造力，我們必須謹遵兩極化的循環途徑。完全體驗過低潮情緒後，緊跟著便是生命的高峰體驗。倘若沒有歷經過正、負面的情緒，我們無法擁有全能的力量，活出完整的自我。所有我們的情緒都是需要被認同的，因爲情緒使我們獲得智慧。

品味問題

1.體驗兩極化的低潮情緒，等於碰觸生命的高峰經歷。想想看，你最不能接受哪些低潮情緒？

2.我們可否由過去的痛苦經驗中得到智慧，兩極化扮演了關鍵性的角色。那麼，你要如何做不會比較容易面對兩極化的體驗呢？

3.描述一些已經體驗過的兩極化經驗：

a) 你和自我的關係

b) 和他人的人際關係

c) 工作方面

兩極化的低潮	兩極化的高潮
恐懼	力量的增強，自信心，安全的感覺
生氣，憤怒	熱忱
難過	喜悅
沒有安全感	自信心
被迫害，感到軟弱無力	充沛的力量
苦惱，悲嘆	喜悅，甜美的回憶
罪惡感	對自我熱忱
批判	接納
自我厭惡	自愛，看重自己，自尊

輯二

一旦我們願意全然體驗生命，那些被視為恐怖、沉悶的生命經驗，也會蘊含著智慧。

瓶子內的真理

很久以前，有一位非常不愉快的婦女，不知不覺來到美麗的黃昏海岸邊。他的頭如同內心一般的往下垂，雙腳也沉甸甸的踩在沙灘上。

那時，大自然正呼喚著她：橫越過整片天空，充滿著玫瑰紅、紫色和粉紅色的彩霞。這些顏色不時變換，並且狂野的跳著舞，同時輕聲的向她說：「打起精神來！好好選擇妳的人生，它應當是個冒險才對！」然而，這位婦女依舊在沙灘上散步，而且目光朝下，一點也沒有留意到天上的舞者們。

海水朝她捲起漣漪，還設法想碰觸她的雙腳。每一道海浪都閃爍著陽光的溫暖。於是，水和風加起來的力量，創造了一股向她呼喊的聲音：「讓真實的生命與妳接觸吧！打開內心便得以讓生命如同海水般貫穿妳的全身。」可惜的是，這位婦女依然沒有聽見海浪或風的呼喚，彷彿它們的暗示完全不存在。

到最後，天空的色彩已不再滯留。它們逐漸褪去色彩，並且與微暗的傍晚合而為一。只有在這一瞬間，婦女才將目光朝向水面的另一端。突然間，一個空瓶子浮現在海岸邊，而且幾乎快撞到婦女的雙腳。終於，她順手撿起這只瓶子。忽然間，一名被金光環繞住的精靈跑出瓶子外，緊抓著她不放，婦女大吃一驚。

「哇！我非常高興，終於擺脫這個瓶子的束縛。它對我來說實在是太緊了！」精靈活動四肢的說著，「別管這些了，妳過得還好嗎？」

婦女向後退了幾步，睜大了雙眼，緊張得不知如何回答才好。於是，精靈伸長了雙臂，在婦女的肩上輕輕拍著，還露出一臉理解的神情。「嗨！親愛的。我明白，妳很難相信我的存在，但我是眞實的。事實上，打從好久以前，我就一直存在這個世上，而且是一位心地善良的好精靈呢。我保證！我一定會滿足妳的需要！所以，現在妳想要什麼呢？」

婦女依舊處於驚嚇的狀態中，因此，精靈只好先證明自己的能力。她朝空中吸了一口氣，於是變出盛裝打扮和動作一致的芭蕾舞團。之後，這些舞者們消失於無形。

接下來，她又變出一家服飾店，裡頭擺滿了最耀眼的衣物，包括套裝、睡袍、耳環、皮鞋和帽子，而且，這些置物架都貼上了「免費」的標籤。同樣的，在展示之後，這一幕的景象也消失了。

最後出現的是一個裝飾華麗的宴會大廳，裡頭擺置了一個冰雕，也請來一組管弦樂團。其中有夫妻或情侶們在大廳中央，隨著樂曲翩翩起舞，其他人則在一旁大塊朵頤，享受美食。這一回，精靈在這一景象即將消失之前，將手伸入大廳中央，拿出好幾盤美食。

當婦女的眼神由懷疑轉爲崇拜的看著精靈時，精靈反而以害臊的口吻說：「妳應該要信任我才對。」姑且不論精靈爲何方人物，這婦女曉得自己還頗喜愛她。她有什麼不能相信這精靈的？

「現在妳知道我有多厲害了，那妳的願望是什麼？」精靈一邊吃著食物，一邊詢問著。

「它眞的那麼神奇嗎？」婦女反問。

「是啊！就這麼神奇，妳說出妳的願望，我就讓妳美夢成眞。」

「眞的這麼神奇？」婦女依然覺得不可思議。

精靈不耐煩的說：「你們這些人類啊！妳不是一直在思考有什麼好處嗎？沒問題，不過請妳先告訴我妳想要什麼，我再告訴妳怎麼得到它。」

婦女努力的思索著什麼才是自己的願望時，這名精靈又彎下腰拿起另一盤美食。

「我只希望自己可以變得快樂。」婦女在口邊喃喃自語。

「眞是霹靂呀！嗯，那麼有什麼事可以讓妳快樂呢？」精靈問。

「我期望有人眞的愛我，而這種愛是我從未體驗過的。」接著，婦女禁不住地啜泣起來。

精靈則彈指，順手變出一大盒面紙。她火速抽出許許多多粉紅色的面紙，遞給這位婦女，一邊說：「這可不能算是妳的願望，只要是人都會這麼想。」

婦女聽到最後一句，不由得破涕而笑。

「而且啊！有時候妳也必須發洩一下情緒，妳實在太壓抑了。像這樣哭一哭不是很好嗎？」精靈如此說道，就在同時，順手又變出另外一盒面紙。

「我並不知道這一切是否是眞的，」婦女哭著說，「但是，你的出現確實讓我好過些。」

「愛就這麼簡單，親愛的。事實上，妳已經採取兩道步驟來愛自己。首先，妳具備了足夠的勇氣，可以大膽提出自己的請求。第二，號啕大哭，也顯示妳具備足夠的勇氣，表達自己的情緒。妳已經有很長一段時間想提出請求和號啕大哭，對不對？」

「沒有錯，」婦女邊哭邊說，「但你是怎麼知道的？」

「整個傍晚我都在注意妳。首先，我試著用落日引起妳的注意。接著，我又運用海浪和風來呼喚妳。但這一切都發生不了作用，妳只是毫無知覺的一直在沙灘上走著。最後，我認爲唯一可以引起妳注意的方法，就是利用這只空瓶子來撞擊妳的雙腳。這就是我出現在妳面前的緣故。」

聽完這段話之後，婦女一屁股坐在海灘上，又笑又哭。精靈接著說：「妳眞的願意爲了這項計畫，奉獻出一些精力和時間嗎？」

「我想我願意，不過，妳指的究竟是什麼？」

「我說是，這一切所花的時間，不會像妳拿一張面紙，或吃一塊巧克力那樣快。」精靈停了一會兒，伸手又拿來另一盤美食，「不過，如果妳願意的話，還是可以更改願望的。」

「不！我依舊期望被愛。事實上，我無時不期盼有人來愛我。」在婦女堅定的眼神中，精靈看著她是如此悲傷。

「首先，」精靈以嚴肅的態度說：「妳必須了解，唯有當妳深愛自己，才會得到別人的愛。因此，妳愛自己愛得越多，越能得到別人更多的關懷。」

「我聽過這種說法。」婦女說，「但是，我實在不明白要如何愛自己。」

「只要感受那些妳不願意去感受的。就這麼簡單！」

「我以爲我們的要點是愛自己，而不是在乎不愛自己。」

「這就是迷思的所在，也是爲何妳要呼喚精靈——我，現身啊！」接著，她在天空中驕傲的翻了個筋斗，以表示自己的愉悅。

「可是，我還不曉得怎麼做。」這名婦女感傷的說。

「其實，它就和我的魔法一樣。一旦妳有勇氣與自己的情感同在，每件事都會有轉寰的餘地。」這名精靈又變出一台電影放映機，以及一個巨大的白色銀幕，並開始放映！她所放映的是這婦女的一生。第一幕是她稍早在海岸邊散步，垂著頭、帶著沉重的步伐越過沙灘的情景。

「妳看起來如何？」精靈問道。

「我看起來彷彿死掉了，但又像有口氣存在而得以在沙灘上行走。」婦女回答。

這名精靈笑著說：「簡單的說，就是行屍走肉。」

這時空氣中響起放映機轉動的吱吱聲。婦女從這部獨特的影片中，看見自己持續的在改變，並感受緊接在每一次快樂之後的悲傷。最後，在精靈與她的碰面之後，她重新活了過來，換了一張容光煥發的新面孔。

「妳明瞭了嗎？」精靈問：「我給妳看的最後一幕，就是在妳歷經過最厭惡的情緒後的情況。」

他們倆沉靜的坐了一會兒。在這同時，這名婦女仍持續質疑自己在影片中的角色，接著，她躺在沙堆上，仰望天上的明月。

「好啦！」這名精靈溫和詢問著：「現在測驗時間到了。當看見自己一再過著不被人愛的情境時，妳留意到哪些事？」

「情緒的感受程度隨之增加。也就是說，每一回我感受到的快樂或難過，都比上一回濃烈。」

「非常好！」精靈快樂的翻了個筋斗。「現在，妳是否眞正明白正在發生的一切。事實上，並不是妳每一回的難過都比上一回來得濃烈，而應該說，妳讓自己深陷在情緒的泥沼中，越陷越深。妳的情緒一直都在那兒的，因此，妳必須全面體驗它，而且這麼做的最大獎賞是，妳會更加愛自己；每經歷過一回的情感碰觸，妳即能夠由難過和所厭惡的情緒上超脫出來，得到更高階的快樂。」

婦女靜靜的思索精靈所說的智慧。「我只要體驗任何情緒，就可以獲得那些在影片上看到的結果嗎？」

「賓果！」精靈狂喜著大叫，「這就是妳必須做的事。知道嗎？一切就是這麼簡單。」

「因此，我第一步眞正要做的，是勇敢的說出願望，而我已經做到了，對不對？」婦女驕傲的說。

「沒有錯！它並不困難，對不對？」精靈問道。

婦女相當滿意的點點頭，而且也領悟到箇中的智慧。過去，她掙扎過一段很長的時間，甚至認爲自己將永遠達不到這個境界，現在她才知道，原來生命可以如此簡單！

於是，婦女和精靈一起躺在沙灘上，聆聽海浪的聲音，仰望著美麗的月光。

品味問題

1. 對你而言，「瓶子內的眞理」是什麼？

第一章 在黑暗中挖金礦

每回問自己，「爲何事情必須這個樣子」或「生命究竟是怎麼一回事」，你會不會希望得到一點安慰？你可否想過，那些被我們認爲是痛苦或苦惱的經驗，其實可能會帶給我們一些好處？對於我們過去學到的種種，倘若你不願意承認它們大部分是扭曲的事實，或者落後跟不上潮流的話，本章將能夠協助你對生命有全新的理解。

在黑暗中挖金，並非指獲取有價值的礦物。在這裡，黑暗意指被視爲負面的情緒，而金礦則是生命的智慧。黃金和鑽石深埋在地底下，相對的，我們也是由負面的情緒汲取智慧的。因此，我們所面對的絕望、沮喪、生氣和缺乏愛的體驗，都是學習和成長的有利工具。

一旦我們願意全然體驗生命，那些被視爲恐怖、沉悶的生命經驗，也會蘊含著智慧。我們將發覺「黑暗」即是迷思所在，而且是獨一無二的轉捩點。

改變向來存在著

改變，是避免不了的。然而，我們有一部分的自我卻拒絕改變。

現狀，是我們知悉的安樂小窩，不過卻帶給我們痛苦。

我們是如此盼望可以永久住在安樂小窩內，不過，這卻是造成我們失敗的原因。猶如「恐懼」是我們獲得新力量的來源，「改變」同樣可以增加我們對自己的愛。

我們的天職，是拓展那些已經被自己戀戀不捨的認同。遲早那些舊有的生活模式，會一個個被我們內在的力量所粉碎。我們內在的力量，如同浩瀚冰河在不間斷蹂躪的過程中，那股無法遏阻的力量。它會在途中冷酷的改變全部既存的事物，直到舊有的完全消失，而新的現象躍然而起爲止。

我們對自己將有全新的意象。不過，我們無法現在就想像得到。我們將被要求放棄過往，以及心中的美夢。一旦做到了，我們會得到完全的自由。

只要願意將過去的一切放棄，不論採用的方法是什麼，我們能夠擁有釋然的感覺。我們將發現，不再眷戀即等於獲致全部。因爲最終發覺到自我，我們也領悟到，其實自己並非眞正需要或期望任何事物。

改變，並沒有好、壞之分，因爲它一直是存在的。

我們一生中，雖然有時候會哭泣、傷心和無助，但我們仍然依經驗而成長。甚至當我們無法理解生命時，我們還想改變，想成爲更加完整的自我。倘若將人生比喻爲正在攀爬的山丘，我們無法想像山頂的景致，可是我們並不會因而放棄攀爬，反而繼續一步一步往前邁進。

再者，我們有時會因爲不信任自己和自己的生命過程，變得猶豫不決，以至於我們苛求周遭的人事物、批判環境，並因爲恐懼而卻步。只要稍微忍耐一下，我們會越來越清楚，自己只不過在面對更多的生存挑戰罷了。

金礦總深埋在土地最闃暗的底端，就如同許多人都認爲鑽石是最璀璨的寶石，而它也是從地層中最深的褶曲處挖掘出來的；如同炫麗的玫瑰，也帶有傷人的刺。

愉悅和痛苦，猶如陽光和雨水是同時存在的。生命是一種挑戰，我們彷彿在帶刺的玫瑰灌木林裡攀爬，我們能否品嘗到玫瑰的芳香和其花瓣的豔麗，必須先接受考驗，最後才能獲得純眞愉悅。

不論我們多麼想摒除生命的苦痛，到最後還是無法避免。玫瑰的刺對花朵有特別的保護作用，相對的，我們的痛苦經驗也能滋養和支持我們。有痛苦經驗的存在，我們才得以成長茁壯。我們應該將這些經驗視爲邁向成功的踏腳石。

面臨的挑戰越艱鉅，我們蛻變的果實越是甘美。勇於面對被壓抑的情緒，我們便能從其中汲取智慧。這就如同在黑煤中萃取鑽石。只要我們肯改變態度，坦然面對現狀，不久後便能見到全新的生命。

在此，對於爲何我們得停止對負面的情緒貼標籤，已闡述得相當清楚。畢竟，沒有玫瑰的刺，玫瑰就不再那麼嬌豔；沒有暴風雨，便看不到彩虹的美。

回顧以往充滿風暴的日子，我們會了解它們是智慧，讓我們領悟何謂生命的美。於是，下一回再面對風暴時，我們再也不覺得有必要壓抑，甚至只感受到在體會全新的生命後，心中那股神奇且興奮的感覺。我們理解，所有痛苦都不過是生命的警鐘，經由它，才得以邁向生命旅程的新階段。

當面對人生巨大的風浪，並且質疑駕乘的船是否會下沉時，我們得靜下心來體驗，存在於這股騷動中的智慧。前提是，我們不對這智慧存有刻板的期望，若期盼智慧以某種形式出現，我們或許會喪失此次良機。

多年前，我曾因爲車禍而無法行走。當我還躺在床上復原時，卻收到一封通知書。信的內容是說我的房東過世了，承租的房子由她的親屬繼承，這些人要我在三十天之內搬家。我得想法子解決住的問題，儘管內心相當苦惱。

在我住所對街的一位鄰居，聽說了我的窘境，曉得我根本無法行走，更別說去找房子了。恰巧，他剛好知道我們這一帶有房子要出租，而且在同一條路上。於是，他打電話給我，確定我可以接受那樣的房租，然後協助我坐上轎車，帶著我一起去瞧瞧那房子，同時也表明，他們夫妻倆可以幫忙我打包和搬家。

這間租屋比我原先住的大，安靜且有隱密性，不像我原來的住處是兩層的樓房，在那段無法行走的日子，還得不時上下樓梯，頗不方便。另外，這棟房子四周有農場環繞，後院還有一個充滿許多藍色蒼鷺的池塘，景色十分怡人。尤有甚者，只要你散步個十五分鐘，即可來到一處禿鷹築巢的河流旁。

可是，當時我認爲不可能如此輕易就找到這麼好的地方。我向那位好心的鄰居致上最深的謝意，然後，開始四處尋找租屋，還花錢請計程車司機載著我在附近區域看看，卻一直沒有找著合適的房子。最後，在必須搬離的前幾天，我終於放棄其他的可能，租下原先的那棟房子。我的朋友和親愛的鄰居們幫我打包好，並協助我搬到新家內。

新家的一切，帶給我極大的喜悅。那段歲月，對我算是最完美的安排。我總共在那兒待了七年之久。但這之前，我卻耗費過多精力，追尋心中以爲的解決方法，沒有將心思擺在肢體的治療上。

這項體驗是無價的。它使我學會坦然面對困境，以開朗的心接納它。此外，它也讓我明白困境中自有智慧存在的道理，千萬別自以爲解決問題的方法是如何如何，因爲這樣只會畫地自限，於事無補。

生命猶如一本精采的小說，假使沒有多看幾頁，我們很難知道結局如何。但是，如果跳過幾頁提早去看故事的結局，我們則喪失發覺和閱讀的樂趣。

我們常常會因爲現狀而責怪過去。我們常這麼說：「如果——沒有發生」，或「如果情況不一樣的話，現狀不會如此困窘」。請牢記，昨日再也不能被改變，我們唯一能做的就是接納它，並從中汲取智慧。我們眞正可以抉擇的領域，就只有今天而已。

意圖逃避情緒，就等於活在過往。我不但會爲了現狀而責備他人，甚至還期望它有所不同。我根本是欺騙自己。時間不斷往前邁進，不論我們多麼想抓住過往，它終究會消逝。

所以，如果不允許自己完全體驗當下的情緒，往後依舊得面對。情緒不會因爲人們的拒絕而悄然離開。唯有體驗過，才能逐步增加應付生命的能量。如此才能更悠哉的體驗生命。

滯留於過往，或邁出下一步，完全是自己的選擇。如果選擇邁出下一步，只要體驗被壓抑的情緒，和全然活在當下即可。雖然如此，過往也可作爲個人的參考，它幫助我們坦然面對兩極化的負面情緒，進一步體驗生命的高峰。

猶如在黑暗中採挖金礦，任何的負面經驗都有助於我們獲得智慧。逐漸的，我們開始明白那些既存的困境，只不過是有意義的挑戰罷了。這也是爲何中國人對於「危機」有兩種詮釋——危險和機會。

一生中，我們會面對許多警示。那些我們最嚴重批評的事情，經常是最有意義的提醒。這些狀況包含：離婚、失去愛人、事業、工作或人際關係、吸毒、財務失敗，以及那些使得自己感覺無力、失控或毫無選擇的狀況。

我們會嚴加批評這些狀況，因爲它們帶來難以忍受的痛苦。然而，當我們以開放的心胸接納它們，它們會傳達出有意義的知識。很少有人在體驗過失落或痛苦後，仍一無所得。

有時，我們會將希望寄託在未來，比如，我們想「我會一直等下去，直到……爲止」，或「當……時，我會完成」。不過，在我們等待的時候，卻喪失了那些可獲致力量的機會。另一方面，「當……時，我會完成」的想法，只會拖延我們承擔的責任和下決定的時機。畢竟，否認當下的情緒只會延緩我們成功的時機，和讓我們不斷的重蹈覆轍。

舉例來說，如果擔心這本書可否暢銷，我會延緩完稿的時間。反之，倘若我將寫作本書視爲學習的經驗，不但恐懼感會減少，並會專心寫作。再者，還有更棒的事，我將明白自己之所以出書，目的是爲了自己成長。換句話說，我能夠活在當下，不再懷疑是否會出版本書，或者它可否成爲暢銷書。

關鍵就在於，感受我們對於未知的恐懼，以及面對當下。我們或許得放棄安樂小窩，但卻更能體會到生命。這意謂已知的事實一直在凋零、衰退，那些眼前的認同，其實早已成爲歷史。我們要做的是與直覺配合和當下做決定，而不要以「等一下」作爲藉口。

我們可以不時修正腳步，和在眞的時間裡獲得指示。倘若無法馬上察覺出提示，它們也會一再重複浮現，直到獲得我們的接納爲止。

認同全部的自我是件重要的事，不論它們多麼不完美。唯有察覺出自己有哪些缺點，才能擁有智慧與自由；唯有接納自己的缺點，我們才會活得更眞實。

接納指的就是，我們當眞正的自己，和感受自己的厭惡、嫉妒、恐懼和憤怒等情緒。此外，我們也能體會那些被推崇的情緒，如：對自己和別人的關愛。想想看，倘若能夠坦然面對負面情緒，並視之爲人性的表徵，我們會如何釋然。

最終我們會發現，自己誤把生命中某些有利的事，貼上不當的標籤。生命根本沒有黑暗面，因為每種經驗都是我們熟識自己和成長的有利工具。我們無需改變生命的任何事，只要靜觀其變即可。謹慎小心的生活，以及不對自己或經驗批判。一旦能夠理解生命中每件事都有其目的，我們再也不會自認倒楣。畢竟，我們所做的決定，將影響生命下一步的進展。假如肯坦然承擔起生命責任，自由就在前方等著我們。

品味問題

1. 列出曾經體驗過的三個警示事件。
2. 舉例說明，何時會期盼事情有更好的結果。
3. 哪些事符合你的需求，或者讓你的美夢成真？
4. 列出有哪些曾經體驗過的負面經驗，最終能帶來力量、喜悅等情緒？
5. 請針對以下的問題作答。直覺寫出你當下的看法，不要考慮太久。

「我會等待，直到……」

「當……我會做這件事。」

現在，請回過頭看看答案，但不要對它們提出批評。

想想，「等待」的心態如何阻擾你活在當下？

6.如何運用直覺，才得以讓自己安然活在當下、成爲眞實的自己，和勇於面對未來？

第二章 顛覆社會批判

倘若你眞的是眞理追求者，那麼生命中至少要有一次，對每件事心存質疑。

目前爲止，我們學到的事情大部分都是顚倒是非。別以爲這是危言聳聽，我們一向都遭受社會的洗禮，而且人們所告知的事也太多曲解不眞。不論社會或家庭，都在傳遞不當的訊息，藉此想控制住我們。這種情形，古今皆然。

爲了被社會接納，我們得相信和遵循某些事。過去，我們深信自己的力量有限，或許因爲這個緣故，才讓我們少用了百分之五的潛能。以歷史的洪流來看，人們曾經反抗過社會既存的體制，比如一九六〇年代的嬉皮。然而，大多時候我們是如此忙於生存，以致無暇提出過多的質疑。種種我們不當的認知都很可笑，有些不具殺傷性，有的卻可能毒害自己。

【社會體制相信】　個人的外表，和給人的第一印象很重要，這兩者是我們評論他人性格和能力的根據。

【思考其可能性】　雖然大環境迫使我們注重外表，但內在之於我們的貢獻仍然很重要。由某個角度來看，外表是可有可無的。畢竟，人們的性格和能力並非光看外表就會知道。況且，它們還有可能蒙蔽我們的雙眼。

有時，那些我們最感頭疼的人，卻反而最專注、單純，並且具有智慧和安全感。和這些人相處，我們或許會感到不自在，畢竟他們是如此與眾不同。甚至，我們還會批評他們的人格。

再者，大環境也不允許我們深入了解外表特殊的人，甚至連殘障人士也逃不過。那些天生或自願成爲與眾不同的人，雖然並不能符合我們的期盼，卻往往有驚人的成就。但還是有人願意成爲眞正的自己，對於社會的期盼根本不加以理會。這種忠於自己的意願，也就是高度自尊心的來源。

【社會體制相信】　我們必須忍受生命。現在必須努力獲得成就，如此我們的下半生才會自在。

【思考其可能性】從此時此刻起，我的生命將充滿豐富的喜悅。生命本該被我們體驗，我們也有權利藉它成長、茁壯並體會喜悅。

【社會體制相信】辛勤工作，並做好退休後的妥善準備。往後，你才會有時間和金錢享受人生。

【思考其可能性】生命是由一連串的體驗累積而成，現在我就可以選擇享受生命。

【社會體制相信】在公共場合表達情緒，會相當難爲情。況且，別人會爲此而不喜歡我，或不願與我相處。

【思考其可能性】一旦成爲眞實的自己，並且忠於自己的感受，我也在允許別人擁有一顆脆弱的心。儘管有些人會爲了我的表現而疏離，或者告訴我不要如此做，但我與自我的關係卻更加親密。我讓自己擁有更多的自由，以成爲眞實的自我。

【社會體制相信】　過去的種種，造成我今日的不能。

【思考其可能性】　如果從現在起，我仍不願意承擔起生命的責任，也只好一直不能下去。

【社會體制相信】　摒除那些不被期望的特質。

【思考其可能性】　不論任何人，內心都有兩極化的傾向。我們都可以是仁慈/殘酷，親愛/厭惡……，至於那些被評斷爲不好的特質，只有在我們不接納它們時，才能掌控我們的行爲。當我對自我不眞誠，那些被貶損的特質就會一直抗爭到底，直到獲得認可和被理解爲止。反之，當願意接納全部的自我，連帶缺點也能獲得認可。如此，我們便不再恐懼面對自己的缺點。

【社會體制相信】　相互依賴，是人際關係的一大難題。

【思考其可能性】　相互依賴是項迷思。我們眞正有過的人際關係，只有跟自己而已。別人即等於自我的借鏡，經由他們，我們才得以成長。

【社會體制相信】　如果不自我批評，將改變不了那些不喜愛的特質。

【思考其可能性】　自我批評，將讓我們拒絕改變。反之，願意接納全部的自我，高自尊心隨之而來。停止批判後，那些被我們視爲負面的特質，自然會跟著改變。

【社會體制相信】　拋棄恐懼和自我疑惑，才能讓我完全發揮和獲致成功。

【思考其可能性】　自我疑惑和恐懼，是協助我們成長的工具。在幾乎快達成期望時，自我疑惑會浮出檯面。藉由它們的提醒，我們才可以完全達到欲求。

【社會體制相信】　那些不能和別人妥協的人，自私自利，他們將達不到心中的欲求。

【思考其可能性】 硬強迫自己讓他人滿意快樂，或者吻合他人的需求，鐵定會產生逆火傷己的後果。想跟他人建立可靠的情誼，必須我們能夠當眞正的自己，並且接納現狀。

如果我向你撒謊，在某種程度上你一定有所察覺，想當然就不可能再信任我了。反之，假使我的態度眞誠，即使你並不贊同我，卻也明白自己的立場爲何。所以要在友人面前表現眞實的自己，讓彼此相互了解進而產生信任。但若爲了友誼而委屈自己，則表示我心血白費，藉由情誼成爲完整的自我。倘若這種論點成立，表示我期望從朋友身上獲得某些事。不過這種妥協只會讓內心紛擾，不可能成爲眞實的自我。

【社會體制相信】 鞭打可控制孩子，這麼做會讓他們牢牢記住我的話。

【思考其可能性】 失控時，我會鞭打孩子。一旦生氣或覺得教養方法不妥，我會鞭打孩子。除了顯示肉體的力量外，我不知道有什麼方法可以使他們記住我的話。我知道我的作法是在誤導孩子，讓他們誤認爲可以用傷害性的手段，使別人屈服或展現力量。

對孩子施予肢體傷害，會使得他們心生恐懼，不再信任我們。這是極爲自然的心理反應，猶如我傷害了你以後，你會有報仇的心態一般。然而，我們眞正的用意，是期望孩子害怕、不信任和甚至意圖報復我們嗎？此外，對孩子施暴也彷彿在教導他們相信，社會允許暴力的存在。

【社會體制相信】我們必須遏阻社會暴力。

【思考其可能性】我們對自己是粗暴的，也以報復的心態評判自己。我們會一直搪塞、壓抑情緒，直到它們爆發爲止，接著，又繼續傷害自己或他人。不論教養的方式、待人處事的方法以及電影內容，我們都在教授孩子暴力是被允許的。

【社會體制相信】我們可以用藥物協助注意力不足的孩子。

【思考其可能性】運用藥物控制孩子的行爲，而不考量他們的需求或情感，孩子會誤以爲藥物即解決方法。雖然我們告訴孩子要遠離毒品，但我們的行爲適得其反。

其實，許多注意力不足的孩子，只要藉由飲食的改變，或運用吻合其需求的特殊方法，即能獲得改善。

學校或家長可以視藥物爲解決孩子問題的短暫方法，然而，孩子的行爲也可以做爲我們協助他們培養自尊，和學會表達挫敗的好機會。

【社會體制相信】許多人正承受低自尊的痛苦。

【思考其可能性】許多人尚未全然體驗，或認同自己的能力。

【社會體制相信】安全感是一生追求的目標。

【思考其可能性】生命唯一能保證的，是不斷的改變。我們不斷由已知，挪移至一處尚未涉獵過的領域。因此，安樂小窩被我們一個又一個遺棄在身後。

【社會體制相信】設定目標和明瞭自己的處境，如此才能確保成功。

【思考其可能性】生命是沒有終點的旅程。我們無法預知下一站會到哪兒，雖然內心有清楚的概念。唯有敞開心胸接受當下，內心的掙扎才會停止。在旅程中，一個個未知領域會逐一用橋樑相繫，情緒即是建材。

【社會體制相信】想要自我實現，需要多年辛勤不斷的工作。

【思考其可能性】自我實現相當容易，要求的條件只有：有意識的過活，和不對自己或現狀提出批評。

【社會體制相信】事情進行太順利時，請別得意太早！倒楣的事會緊跟而來。

【思考其可能性】不會這樣的！天下沒有「太過順利」的事，所以大膽跟這個提醒說聲「不」。

許多人已經不理會以往的社會迷思，轉而接納真理。例如，最近的研究指出，比起上一代的父母，會鞭打小孩的家庭少了許多。

這些曲解的迷思，讓我們無法體驗完整的兩極化。有許多情況，我們因為沒有體驗過負面情緒，根本感受不到兩極化的最高愉悅。因此，我們必須先對既存的迷思有所警惕，接著才能承擔起生命的責任。

倘若你是眞理的追求者，那麼生命中至少要有一次對每件事心存質疑，而且得相信自己的察覺和眞理。倘若你願意接納新的看法，請運用書中的觀點，並試試其可信度。或許明日你就會有答案，但也可能要等上一年半載。任何當下無法證實的事，不能算是屬於自己的眞理，你得找個機會驗證才算數。

品味問題

1. 列舉某些出自他人口中、並非眞理的事項。（這些都是迷思）
2. 既然已經看過本章的內容，想必已能驗證眞理和相信自己的察覺。請約略論述這項觀點，將如何左右體驗兩極化的情緒。

第二章

熱衷參與自己

恐懼和失敗不是生命的絆腳石。它們是我們的必經之路。失敗不僅是雄心的常客，更是活力的來源。

請自問：「我在乎別人對我的看法嗎？我會介意別人說我是個失敗者嗎？或是我對自己有足夠的信任與愛，可以從經驗中汲取智慧，進而成為完整的自我嗎？」

世界著名的發明家富蘭克林和愛迪生，都對自己有很高的評價，也不在乎大眾對他們失敗的批評。結果，他們的成功令人刮目相看。

每當事情進行不順利、產生疑惑和恐懼時，我知道我要體驗它們，並把恐懼轉換成為力量。因為這是人生的必經之路。如果現在不去體驗，將來我遲早得面對，況且，它是我成長不可或缺的過程。因此，為何我不及早面對現實呢？

如果自覺不該去體驗一切，又怎能期望成功（改變）不是曇花一現？為何人們會一而再、再而三的陷入受虐的人際關係？爲什麼許多人是著名的遲到大王？或者，你身邊爲什麼有人總會一再出車禍呢？

感受而非控制

唯有不滿意現狀，我們才會努力想突破困境，創造吻合心中的幻境。也因爲這個虛幻的描繪，我們才無法接受現況，把它們貼上痛苦、困難或不妥當的標籤，反複的痛苦掙扎著。但我們是萬物之靈，可以藉由體驗而累積成長的智慧，不論身處的狀況爲何，均是我們學習自我、感受的好機會。

剛開始嚐到意識力量的滋味時，我便迫不及待的想好好運用它。清晨時刻，我會把每天心中的願望（或稍遠的未來）做些虛擬實境的練習。結果，我幾乎都能事事美夢成眞。可是有一次，我卻得到一個很好的教訓。

某天清早，我知道自己將在中午跟某位關鍵人物吃飯。他是某間諮商機構的主管，那時的我，正期盼可以在那兒開始自己的事業。於是，我運用虛擬實境的正面意識暗示法，聽見比爾表明希望雇用我爲諮商者。我清晰看見比爾的眼神和說話的語調：「兩週內我會打電話通知你，到時候再安排上班時間。」接著，我又感受到自己坐回車上，滿懷興奮的心情期待下一份工作。

做完這練習後，我準時赴約。猶如之前所想像的，比爾看著我說：「兩週內我會打電話通知你，到時候再安排上班時間。」於是，我回到車上，由衷的爲這份新工作感到興奮。

然而在路上，這股興奮感如汽球漏氣般迅速消失了。比爾的這份工作再也吸引不了我，至於原因爲何我不知道。我只曉得這份工作並非心中眞正的欲求。不到一星期，解答揭曉——另一份更好的工作正等著我接手。假如與比爾共進午餐時，沒有封閉自己的生命和設法想操控未來的話，我能以開放的心胸汲取此次經驗，事後也就不必回過頭告訴比爾，我對他的工作沒有興趣。我想，這樣的話，我和比爾長遠的情誼應當會更好。

從那時候開始，我很小心的運用力量，爲自己做最好的打算。如同與比爾的經驗，有時我會很快改變心意，因爲有更美好的事正等著我。我沒有想過利用這種視覺練習來操控他人的念頭，不過行爲的結果卻是如此。既然留意到這回事，我開始觀察那些跟自己雷同的人。很快的，我發現他們也在操控我，像是鏡中的自己一樣。

有一回，我獲准可以在家中主辦一場僅此一次的研討會。我爲了準備這項研討會，比往常更加費時與不便，可是我依然履行諾言，專心準備好一切。但我在當時就決定，再也沒興趣主持這類活動了。

最後，這項研討會在我家後院結束。參與者感謝我提供家裡作爲場地，而主辦者也有意的說，「或許桃樂絲下次還會再邀請我們，到這兒研討另一項主題呢！」言下之意，他希望得到正面回答。我不知不覺回答：「當然會囉！」但心裡卻非此意。甚至，我沒感覺到這樣的回答出自口中。其實主辦者口中的話，是出自於視覺表象的期待。

隔天，我打電話向她表明，經過整夜思考，我想我找不出時間再舉辦類似的研討會了。

而我還有另一個有關尋求新工作的例子。三年以來，我一直希望可以卸下某一全國諮商機構的主任職務。因為我對這份工作感到倦怠，渴望有新挑戰的刺激。不過那時，我並無法馬上如願，因為在改換工作跑道前，有些額外的私人工作必須先完成。

我意圖主導生命的洪流，但卻能力不足。生命的流向和流速，是依上天安排好的時間與地點而行。終究，我不能讓已知的事物來限制生命！

在這一段時間，我已確實體驗情感，學會不對現狀批評，所以再也不會活在恐懼中，不會想操控任何事。我明白未來是不需要計畫的。因為，我曉得生命下一次會自然浮現，將不再有掙扎或反抗的心理了。

觀察小孩和動物，是件令人喜悅的事。大多時候，他們不帶有任何掙扎的起床，而是熱切期待一個有趣的日子。如果他們心中存有問題，可能會是：「我好奇今天將學到或做些什麼？」

他們從來不會糊裡糊塗從睡夢中清醒，揉揉惺忪的雙眼，再瘋狂的提醒自己：「動作要快，規畫好今日的一切，如此事情才會順利。」

隨心所欲

有一陣子，我和威廉都奉行「隨心所欲」主義。在閱讀原住民的流浪行跡後，我跟威廉學到不少事。在書中描述，原住民如何在沒有期待的情況下，仍可以滿足所需。

於是，我們決定挑戰自己。我們摒除世俗的雜務，賣出用不著的財物，毫無目標、沒有時間規畫的開車漫遊。我們明白自己將抵達生命的新標的，但仍搞不清楚會以何種形式呈現。然而，這畢竟是我們改變的時刻。直覺告訴我們，信心足以協助我們從現狀跳至另一處未知的領域中。藉此，我們不但培養出自信，也吸收到生命下一階段所需要的智識。

不同程度的焦慮、恐懼和偶發的瘋狂，全是我們得面對的情感。儘管如此，第六感仍繼續告訴我們，這一切體驗都在爲下一階段的生命鋪路。經過幾個月自主性的漫遊後，各種情感都獲得了釋放與自由。最後，我們來到一個想都想不到的境界，心中的滿足絕非夢想能辦到。這再次證明，准許生命以自然呈現其風貌，將會獲致最大的喜悅。

我們的內心有一個指引系統，它可是全年無休、一天工作二十四小時，它沒有假期或假日，不論清醒或沉睡，只要我們脫離正軌，它都會很有耐心的指導我們。

這套系統是我們的內在核心，因此，意圖操控生命，就等於拋棄自己。我們的確有必要信任自己和生命的過程，即使在感到瘋狂時也得如此。經由內在系統的引導，我們會精準的知道自己正在做什麼。如同導引飛彈的軌道般，倘若我們出軌了，內在系統將指引我們回歸正途。

嘗試操控生命，會阻礙我們的進步。這種意圖，不但讓我們內心紛擾不安，而且會一再面對窘境。畢竟，我們只能利用已知的知識與經驗創造未來。但若是一味的持續過去的經驗來計畫未來，我們只會一再創造出雷同的體驗。我們的意向，反而讓過去的種種重複發生。

我有一位友人，她是如此急於想找到理想的伴侶，試的次數多得數不清。雖然運用視覺表象列出伴侶的條件，但她終究碰不到那個人。每回她都列出比上一回更清楚的條件，但真正吻合這一切的人，又不被她接納。她的條件非常高，而看待友誼的態度也相當嚴謹。她是有意識的在控制心中的欲求。不過卻沒有一項情誼能夠滿足她，結果只好放棄和一再的重新開始。

她花了許多時間和精力，想建立理想的人際關係（當然，也耗費許多心力結束情誼）。但是，她尚未學會以同等量的精力體驗生命，和不批評冒險的經驗。倘若如此，她的生命會大大的不同。依據我的推測，只要時機一到，一切情況會與她計畫中的大相逕庭，同時，所得到的滿足也會更多。

對那些尚未理解或見證過的情境，我們無法透過言語或視覺表象提前知道。意圖創造未來，會讓我們受限於已知的範疇內。畢竟，生命比我們已知的事物還要豐碩。況且，我們的社會改變這麼迅速，心中的欲求也會隨之不同。根據過去經驗對未來擬出的視覺表象，只會自我設限。

我們還不能完全信任自己，體驗即是生命最好的下一步。一旦體驗過恐懼感，創造力即自然湧現。質疑和企圖改變現狀，等於在與事實作對。我們常臆測某事出了差錯，需要被調整與修改。眞相應當是，不論眼前的處境爲何，它都不需要被改變或調整，唯有藉由一次又一次的經歷和體驗，自我學習、認識自己，我們才能進一步成長，從而更肯定自己，更加相信自己的力量，而不是把什麼都寄望在別人身上，光是發自個人心中的能量，就足以承載一切。

事情不會在不對的時空發生

如果你現在想要規畫生命，那就試著去做，不過請認眞對待每一個過程。首先，你要清楚知道，這種行爲是一種自我設限，因爲你是用過去的經驗與理解規畫未來。必須這麼問自己，究竟自己在害怕什麼，才會這麼想操控未來。我們害怕的事經常都會發生，如果在意這分恐懼，只會讓我們活在過往和未來，而非現在。

在完全理解意圖創造未來的後果後，你將明白自己的力量有多強大。一旦培養出充分的自信，你再也不會想要改變別人、周遭的現狀，或是心生操控生命的念頭，因爲你深知，不論情況如何，你都能夠克服過來，能超越所有的局限。

以下的例子，闡釋了這種視覺式的虛擬實境暗示法，並非我們想像的有效。

▼案例一

【挑戰】 我感到身體生病了。

【知性的解決方法】 「我感到自己一次比一次好。」我運用視覺式虛擬實境，暗示自己復原後的身體，甚至正在享受運動的樂趣呢！

【事實】 我的感覺並沒有變好。

知性解決的方法，可能讓我們否認內心眞實的感受，造成身體不自主的排斥（隱匿的障礙）。我使用某一程度的精力，想持續否認既存的現狀，結果卻造成自己無法百分之百發揮。因爲，對自己撒謊，反倒使自己內心紛擾不安。這種虛擬的自我心理建設，只會讓我更加是非不分。其實，這股否認現狀的精力，應該被用在治癒身體的過程中，認清自己的身體狀況，感受身體一天比一天進步，努力與疾病對抗，而不是把力氣浪費在虛有的情境中。

【務實的解決方法】 認同身體不適的感受，妥善照料身體，期待它會自然痊癒。我們得確認身體需要什麼樣的協助，再加以配合。敞開心胸體驗情緒，身體自然會有好的感覺。此外，千萬別批評這種不舒服的感受。

我願意感受身體的不舒服，同時不對這種體驗批評。我一概接納身體所提供的協助。通常這類經驗會協助我們更加認識自己，提醒我們花多點心思，照顧身體和體驗情緒。

▼案例二

【挑戰】　我不想完成工作。

【知性的解決方法】　對自己說：「我熱愛工作。」和「我有善加利用時間。」運用視覺式虛擬實境，我見到自己工作完成後愉快的心情，同時正跟朋友們大肆慶祝。

【事實】　我並非準時完成工作。

知性解決的方法，可能讓我們對自己不誠實，結果我與內心相互衝突，進而因爲言行不符而產生羞恥和罪惡感。

【務實的解決方法】　願意開放心胸體驗工作延緩所帶來的情緒，並且不置任何評論，並自問：延續成功的時日，如何帶給我好處？比起準時達成，我由這次延緩的體驗得到了什麼？

我願意完成工作的理由是什麼？我是否比較喜歡其他的工作？是否自認爲能力

不足？是不是想藉由不好的表現，讓那些對我有期許的人，相信我眞的能力不足？我對成功懷有恐懼嗎？（我害怕生命有變化？害怕別人會嫉妒我的成功，不喜歡我嗎？）

面對挑戰，我們的情感、肢體和心智都得全力以赴。光靠觀察、分析和談論情感，並不足以解決問題。唯有體驗挑戰，才是正確的因應之道。爲此，我們不再批評情感，並再欲求改變某事，只會擁抱眼前的自我和生命。

接下來的練習，將讓你有更多選擇創造生命。

自問：我眞正感受到的是什麼？

體驗，而不做批評情緒。

自我詢問：此次經驗帶來什麼好處？我從中學到什麼？

與我們的次意識一同解決問題，是很要緊的事。要達成欲求的關鍵，就是對自己的生命有熱忱。相對的，我們對工作和人際關係也會熱中參與。一旦我們誠實面對情感，生命的本貌便自然揭露，一點都不必花費力氣。當然，生命的本貌揭露後，一切改變將隨即產生。

品味問題

1. 操控未來如何使你局限在已知領域內？（而非准許你進一步體會新經驗。）
2. 當意圖掌控或改變生命和未來，有哪些事你會害怕？
3. 你會蓄意避免哪些情緒？
4. 現狀，帶給你什麼好處？
5. 眞正掌控生命的法子，是放棄這項欲求。針對這點，請描述一個你曾經有過的體驗。

第四章

情緒，誰需要它？

托比：我無法體驗情緒，尤其是恐懼感，因爲這會妨礙我去做該做的事。小時候我的棒球教練告訴我，千萬別理會恐懼這回事。那時我當的是打擊手，因此教練說，如果眞的在意恐懼，我就不可能揮動棒球和擊出漂亮的一球。現在，我依然謹遵教練的教誨，尤其在處理事業方面。

派德：你一直都百發百中嗎？

托比：沒有。

派德：既然如此，你願不願意去思考其他的方法？

從以上的對話可看出：我們經常誤以爲體驗情緒會太過恐怖或痛苦，認爲情緒不但不利於我們，而且困擾著我們。但諷刺的是，我們依然會去看賺人熱淚的電影、玩雲霄飛車或是看恐怖電影。

我們最知心的朋友

社會問題越來越多，相對的，我們汲汲營營想找出解決的方法。書籍、研討會、脫口秀以及許多錄音帶和錄影帶，都在教導我們如何成爲贏家，如何處理自尊和人際關係的困擾，學習親職教育的技巧，和提升精神層面……等等。

不可否認的，人們已有一籮筐有效的技巧與工具，卻缺少一項重點。鮮少有人提出運用痛苦情緒與經驗的必要性。相反的，人們卻努力掙扎想要摒除痛苦的體驗、拒絕認同情緒的存在，於是，不但引起肉體上的不適和疾病，還凍結內心的力量。反之，允許情緒自然流露，將帶給我們肉體和心靈的無限力量。這股新力量，自然使我們的美夢成眞。

情緒是我們唾手可得的有利工具。事實上，我們所做的決定，百分之八十是依據情緒，因此，幾乎所有成功的行銷策略，都以此爲理論基礎。不論是培養律師的教科書，或者業務員、廣告和行銷人才的訓練，全在於強調取悅人們的重要性。

專家告訴我們要善加運用恐懼、情愛、罪惡感、難過和生氣等情緒，卻又提醒我們不可以貿然體驗。說穿了，當情緒對我們有及時的好處時，才會想到它；當它對我們沒有立竿見影的好處時，便不理會情緒的存在；害怕面對的情愛不夠好、不能天長地久，甚至誤認爲愛上了就會受到傷害……這種不必要的擔憂猶如站崗的哨兵，無時不向我們呼喚，任由焦慮和痛苦在我們內心蔓延，當你拒絕深入體驗痛苦的情緒時，也在阻礙自己體會極其喜悅、情愛和強大的力量。

於是，我們學會了自我欺瞞，不准自己接近情愛，進而喪失全然表達或接受情愛喜悅的機會。

情緒，好比男女之間的情愛。通常，癡情男子會一直等到女方屈服在他不朽的情愛下，接受他最深的愛慕。相對的，情緒就像人類忠僕的狗，即使迷失在好幾百里的地方，也會努力找到路回家，然後看到了主人，兀自忘卻一身的疲累和飢餓，興奮的用力搖擺牠的尾巴，在在表露出想成爲我們最好朋友的欲求。

不論情愛或恐懼，情緒總是想爲我們服務。它們會一直引頸而盼的等著，直到我們領悟出它們的珍貴爲止。一旦允許情緒成爲我們的老師，它們便是最知心的朋友。情緒讓我們的心胸敞開，與它們爲伍，我們會獲致自由，進而對自我和他人眞誠。

有勇氣感受情緒和對自我眞誠，是我們自重和自愛的基礎。

表象與事實

【爭議事件】　我害怕如果感受情緒，將會完全失控。我擔心情緒將主宰一切。

溫蒂拿起電話，順手將聽筒擺在耳際。「又是琪琪的電話！」溫蒂心想。

「我只想看看妳好不好。」琪琪關懷的問候。

「妳不需要這麼做，我沒事的。」溫蒂冷酷的回覆。

「溫蒂，妳應面對自己的失敗。現在的妳只是戴著面具，佯裝沒事而已。」琪琪道出了她的弱點。

「不是！」溫蒂激動的回答，「妳根本不明白怎麼回事。我必須依舊強迫自己每日清早起來，忙碌的過日子。如果我開始學著體會情緒，就會沒完沒了。最終，情緒會控制、淹沒了我，我再也無法做任何事了。」

琪琪嘆了口氣，眞的希望自己有法子能減輕溫蒂的痛苦。當然，她明白自己的能力有限，和溫蒂的交談一日比一日緊張。她靜下來思索，有什麼方法能夠減輕朋友的沮喪。

接著，她聽見溫蒂的哭聲，「我不能被擊潰。千萬不能！」

琪琪曉得她們再也說不下去了。她的朋友無法弄清楚，否認痛苦和恐懼失敗已經操控她的生命。

【爭議事件】　我沒有力氣了，因爲我已經用光所有的氣力來壓抑情緒。

康妮走過去，按著弟弟的雙手說：「唐恩，要不要跟我們一道去海邊？」

唐恩將身子更加蜷縮在臥椅內，看著姊姊，「不要，我太累了。」

唐妮哄著他，「出去走走或許會讓你好受些。」

「不了，謝謝，」唐恩一邊回答，一邊將頭埋入胸部。「我實在太累了，但又不知道問題出在哪裡。每回瑪麗離開，我就失去工作。我根本沒力氣做任何事，除了看電視以外。」

【爭議事件】 有時我願意當犧牲者。

理查看見嬌小的琳娜正彎著腰提沉重的箱子。

「我幫妳，好嗎？」他問道。

「哦，不用了。我自己來就行了。」琳娜邊說邊氣喘吁吁，小心避免弄傷手臂和桌子，蹣跚的將那只沉重的箱子提起放在桌子上。因爲背脊有點傷到，她用手輕輕搓揉背部。

「爲什麼妳不讓我幫妳呢？」理查感覺心裡受傷的問。

「我自己辦得到。」她喃喃說著。

「好！不提這個，昨天是怎麼回事？我們說好三點見面，我卻等妳到四點十五分。妳究竟去哪裡了？」

「蓓妮將孩子丟在我那兒，要我照料他們。因為她事先沒跟我約好，所以我分不出身來讓你知道我無法赴約。」

「妳總是這樣。為何不告訴她，不能每次都把麻煩丟給妳就一走了之？」

「哦，這沒什麼大不了。別人或許會惱怒她對我的態度，但我並不在乎。」

理查早已看見她在眉宇間流露出的憤怒。接著，他試著緩下口氣，耐心的問：「琳娜，為什麼妳要如此虐待自己呢？」

「我不明白你在說什麼。」她氣急敗壞的回答。

「琳娜，妳的內心隱藏著許多怒氣。總有一天，妳會因為再也無法忍受而爆發。」

「理查，我說過我沒有生氣。」

【爭議事件】　我只想操控一切狀況。

朵堤在購買衣物時，會盡量不照鏡子。她的衣服總是如布袋般大，因為這麼一來，就不必坦然面對過重的體重。

她在一排排的衣物間徘徊，直到找出大尺碼的衣服並取出為止。柔柔的絨毛質料和暖藍色，她頗喜愛，因此決定買下它。銷售小姐結了帳之後問：「要不要包裝？」

「不了，謝謝，這件衣服是我要穿。」朵堤回答。

「不過，妳的身材這麼嬌小！」銷售小姐看過她的身材後，頗感訝異，「我想妳適合穿特小號尺碼的衣服。」

每當別人嘗試讚美她的身材，或者揶揄她的身材嬌小，朵堤都感到不滿。在她的心中，她的身材永遠過胖。

她上了車，回到家將衣服放在衣櫃後沒多久，已是吃晚飯的時間。她在心裡嘆著氣，幻想和家人用餐時，眼前誘人但卻高熱量的美食。因為不想破壞祥和的氣氛，朵堤還是安靜的和家人一起在餐桌前用餐。

她只吃了幾口菜，一點也不理會飢腸轆轆的肚子。雖然一直不滿意自己「肥胖」的身材，但她只有九十四英磅重。

布萊恩首先開口：「朵堤，還想不想吃其他東西？」

「不了，謝謝，」她小心翼翼的回答，「我幾乎吃了一整天的零食。」

接著，姊姊凱洛琳問：「近來妳的理由都是如此，不過妳太瘦了。我猜妳吃的可能是減肥零食！」凱洛琳和布萊恩哈哈大笑，而朵堤以想休息為由離開餐桌。

在回房間的途中，朵堤一路發牢騷，「隨他們愛怎麼笑就怎麼笑，從現在開始，我必須更加嚴格的掌控生命。」

她的胃開始疼痛。到了房間，她把房門鎖上，一屁股趴在床上，大大鬆了口氣。這時，餐桌前的家人才剛剛吃完晚飯。

接著，她站了起來向浴室走去，將手指伸入咽喉內，再將那些吃入的食物嘔吐出來。這種厭食的舉動，已經是朵堤每天例行的事情之一了。

品味問題

1. 描述完全體驗情緒，如何能夠釋放精力。（如此一來，你就自然可以得到心中的欲求。）

2.描述你曾經有過的兩極化經驗。藉此，你得到全然的情愛、喜悅和力量。

3.你是否曾經意識過，自己因爲延緩苦痛（情緒）體驗，往後卻一再面對雷同的情況？

輯三

學習如何感受，生命才能與你碰觸。

和「情緒」接觸，就等於體驗自我。

太空情緒劇場

布景是一艘飛碟，正打算從地球飛返回家鄉，裡頭乘坐著一家三口的外星人。

孩子：我在地球玩得很高興。

父親：這是一趟有趣的旅程，對不對？

孩子：是的，我頗喜愛人類。他們和我們相似，就像你們形容的一般。

父母：嗯！他們是很容易相處。

孩子：可是，他們眞的和以前不一樣嗎？

父母：沒錯。

孩子：以前，人類會互相傷害嗎？

父母：恐怕如此。

孩子：這眞令我難過。可是，爲什麼他們會如此呢？

父母：那是起因於地球對於情緒的教條。人們生氣、難過或害怕的情緒，是不被允許表達出來的。他們以爲這麼做是不好的。

孩子：體驗情緒是不好的事嗎？他們如何能忍受？

父母：有很長一段時間，他們都把情緒深鎖於內心，直到某天再也無法忍受爲止。這時，他們掩藏起來的情緒便會失去控制，進而渴求在某方面獲得力量。於是，他們傷害了自己或他人。

孩子：連小孩子也這樣嗎？

父母：是的。他們的孩子都非常嬌小與脆弱，所以常常會受到傷害。

孩子：這聽起來挺讓我難過的。

父母：的確是件感傷的事。

孩子：爲何他們要這麼做？

父母：因爲這是他們唯一知道處理情緒的方法。

孩子：聽起來他們好像陷入永無止境的惡性循環。

父母：沒錯，事實也是如此。

孩子：他們因爲抱持這種不體驗情緒的教規，所以很難突破現狀？

父母：是的，他們以爲自己應該如此。

孩子：那麼，他們後來是如何改變的呢？

父母：剛開始，改變的速度很慢。有一些人比較勇敢，和別人談論自己的情感。有一些更勇敢的人，則開始體驗情緒，和尋求表達情感的安全方法。之後，他們就能表達情感，但又不會傷及自己或他人。

孩子：跟我們一樣嗎？

父母：對。他們開始不再以爲情緒是不好的玩意。逐漸的，他們明白自己可以同時體驗情緒，又可維持安全無虞的處境。

孩子：於是發生了神奇的事情，對嗎？

父母：有一籮筐的神奇事情呢！隨著體驗情緒，人們開始眞實的過活，知道成爲完整自我的感覺，以及擁有全然的自由和力量。

孩子：緊跟著，他們再也不彼此傷害了！

父母；沒錯。

孩子：嗯，對於這樣的改變，我很高興，也很替他們高興！

父母：我們也深有同感。但你高興什麼呢？
孩子：因爲我學到新的擁抱方式。
父母：我們也很高興有這種收穫。你願意示範怎麼做嗎？
孩子：沒問題，因爲我是眞的、眞的很愛你們。

品味問題

1. 如果這一幕的情景的確發生在現今社會，你認爲有哪些個人體驗過的兩極化情緒，也能左右社會改變？

第一章

讓生命與你碰觸

學習如何感受，生命才能與你碰觸。

猶如心智上需要知識的滋養，我們的內心也渴求被碰觸。不論藝術或娛樂活動，無非是爲了表達我們的情感，或讓自己爲之動容。其實，我們也頗喜愛碰觸事物。這是爲什麼我們會參與群眾活動，比如：電影、戲劇和音樂會。相對的，可以引起心靈激盪的書或音樂，總能躋身於排行榜上。

我們喜愛的音樂、書籍、藝術、詩詞、電影和舞蹈都有一個共通點，它們都碰觸了我們內心的某部分，感動了我們。亦即是，我們對於所見、所聞的種種，產生了悸動。

比起外在訊息的刺激，我們比較依照內心靈感和律動行事。倘若問五個人，爲何他們鍾情於某種形式的藝術，相信我們所得到的是五個不同的回答。某人或許以爲某首歌慷慨激昂，其他人卻可能覺得感傷、喜悅、古怪或新奇。反應如何，源自於每個人心中的期盼，以及他們需要碰觸生命的那部分。

一旦准許情緒自由表達，我們每分每秒的感受將會不同。還記得嬰孩般純真、自然、不造作的哭泣和大笑嗎？我們已經允許藝術和娛樂如此，現在也得努力讓生命的其他部分達成同一目標。

和「情緒」接觸，就等於體驗自我。我會因爲不滿意受傷過後的手臂形狀，而將它砍下來嗎？不，我反而會善加利用它的特徵。同樣的道理，我們也能選擇利用情緒。

很久以前，我曾遭遇過一場暴風雪，幸好規模不大，只有膝蓋高而已。那時，紛飛的白色結晶，由灰暗的天空密密的滑落下來。當細小的雪片輕碰我們的臉頰，剎那間便融化了。我愛極了這種感覺，盡情的讓這些銀白雪片掉入口中，一點也不在乎頭上有數不清的結晶體，正不斷的往身上堆。

高大的松樹堆滿了許多白色雪片。由於正值晚春時分，暴風雪很快就停止了。天空逐漸晴朗，隨著氣溫的回升，枝枒上的雪也一一融化。柔柔軟軟的雪片，滲入我們的衣帽。甚至我們還聽見巨大雪塊掉落地上的聲響，其中有不少是因爲樹枝上積雪過重，「啪！」一聲折斷在地面上。

假如白雪落在小枝椏時能馬上被融化，就不會一直堆積，終致壓斷樹枝。同樣的情形也適用於我們的心和情感。不論情愛、生氣、恐懼或憂傷，我們不要壓抑它們，最好能夠一一體驗它們，如此才不會抑鬱過度，以致情緒一旦爆發而不可收拾。

如何辨識情緒？

情緒，如同維持身體健康的活門。當火山的熱力和岩屑堆積過多，其釋放壓力的活門就會打開，引出這股能量。「情緒」能夠排解我們的壓力，如此才不致體內的壓力過多而危害身體健康。

逃避情感，無形中就阻礙體內力量的流動。於是，受困的精力造成我們肉體的疾病和情感的閉鎖，造成身體、心智和情感的沮喪。反之，當自我的每一部分都得到自由與釋放，就可以擁有創造生命的力量。

我們可能藉助活動，或任何一種麻痺身、心、靈的方式來逃避情緒——冷酷無情的忙於工作，藉著毒品、酒精或食物來填塞心智與身體；意圖管束（而非關照）他人，或干涉別人的閒事；焦慮的想表達完美，或是終日看電視或玩電腦……以忘卻心靈的空虛和不愉快。

社會教導我們：「只有弱者才遇事就哭。強者即使在害怕時，也能表出勇敢和自信。」我們大多數的人，都深信社會這項最悲哀與矛盾的信念。

事實上，眞正的勇敢，是敢於將眞實的自我和情緒表現出來。當然，他們也會接受別人如此的表現。他們能夠自由發揮精力，算是我們當中最健康的一群。

這些勇敢的人，懂得如何組織自己的情緒，用最安全的方式表達情感。他們誠懇和強韌的作風，帶領他們邁向成功的生命。反之，那些對力量產生錯誤幻覺的人，雖然總表現得自信滿滿和能夠操控狀況，最終仍會察覺到自身的軟弱與無能。

力量源自於淚水、歡笑、哭泣和吶喊。

軟弱，是力量的假相。情緒是資源，而非負擔。

那些眞正勇敢的人，會確實體驗所有的情緒。畢竟，情緒是他們的一部分。在體驗的過程中，他們擺脫了羞辱、責罰和罪惡感，這就是自由。

眞實的體驗情緒，帶給我們個人更高階的轉變。經由體驗尚未碰觸過的情感（自我），我們會一層層遞減不安和恐懼感。當然，這需要我們具備足夠的勇氣。其實，只要我們勇於體驗情感，剝離內心一層層的不安和恐懼感，會猶如剝洋蔥一般容易。剝到中心點，我們便看見眞實自我的美。屆時，我們不再阻礙眞實情感的流露，進而能夠享受更高階的自由。如今我們全然與自我相處，並且急於獲致期望中的事物。

擁抱真情流露

接下來要談的是我在不同領域中的諮商經驗。從這些個案可以看出，這些人在實際運用本書的教導後，產生的改變爲何。

▼範例一

我總是自以爲有感受情緒。也就是說，我從來不想花時間體驗情緒；因爲我的生活如此忙碌，我根本沒空理會它們。坐著哭、躺著笑，從來不在我腦海中閃過。我寧願花同樣的時間，做些比較有意義的事。

因此，我以爲自己有體驗情緒，至少偶爾會這麼做。

緊接著，我歷經了生命的最低潮。猶如大多數人一樣，我一直拖延著不想體驗情緒，直到傷痕累累才肯著手。那時我非常沮喪，早上壓根兒不想起床。心中實在是有壓抑過多的情緒，於是我病了。

我四處尋求幫助，嘗試和別人連繫，不過那些肯花時間與我相處的人，也有同樣的孤寂感。他們期盼我能帶給他們心靈的慰藉，相對的，我對他們也有這樣的期望。我的內心有一個大洞，很想塡補它。因此，我試過傳統和前衛的法子，結果毫無進展。這些方法包括閱讀相關書籍、尋求諮商、上教堂和參與成長團體，均告失敗。

最後，我再也不介意任何人的想法。顯然，我是爲了生存而戰，雖然不很清楚這是怎麼回事。但我卻釋放自己的情緒，公開的哭泣和悲傷，爲了不傷及他人，我對物品發脾氣。甚至，我還感受到沮喪的程度有多深。儘管我外表看來死氣沉沉，但心裡很清楚這是自己第一次活得有生氣。我正在感受情緒，不在乎別人的言語或看法。最後，我終於有勇氣活出眞實的自己。我多麼愛自己啊！

這一切只是個開端，有太長一段時間我過著死寂的生活。這種陰影，需要時間才足以完全擺脫。只要時機一對，我就可以擁抱生命，回到正軌上。最終我必能活出自己，而且沒人可以剝奪這一切。

在這段期間，我明白了左、右腦之分跟情緒的關係。以往，我一直希望理解和分析每一樣感受到的情緒。我渴求知道爲何會有這種情緒，爲什麼必須體驗它，和如何才能讓情況有所不同，顯然我比較強調左腦。

回頭想想，我不想體驗情緒，也就是根本不願使用右腦。甚至在體驗情緒後，我也想操控一切過程。不斷想要理解每件事的欲求，只讓我持續處於否認的心理狀態。對於自我，我一點熱忱也沒有。

對於某些情緒，我提出的批評相當多。我願意體驗某些恐懼或不安全感，卻不想承認它們如此多。首先，我擔心自己的情緒比別人多。逐漸的，我開始願意與情緒碰觸，因爲很想成爲眞實的自我。

到了後來，我不介意任何事，而且不會常跟別人比較。終於，我認同情緒和不安全感是自己的一部分，不論過去如何批評它們。究竟，它們爲我帶來全新的自我。

經過一段時日，隨著我逐一體驗積壓已久的怒氣，內在那股嚴苛的聲音便不再出現。

從那時候開始，我只要坦城面對當下浮現的憤怒即可。慢慢的，有人認爲我是一位樂觀、積極的人。然而，這並非我的終極目標，充其量，我只了解到生命的眞貌而已。

當幾位朋友表明我看起來似乎比較開朗，我明白自己眞的不一樣了。我曉得自己再也不這麼急於想操控生命了。

▼範例二

打從十六歲開始，我一直在這家公司上班。我從未想過自己還能從事其他事情。老闆們向來倚靠我，猶如我倚靠這家公司般——已經二十五年了！眼見接踵而來的裁員，我抱持的態度是否定的，不認爲這會發生在我身上。直到好友麥可在週五向我遞交裁員通知時，我才明白一週後他們再也不需要我。

這是多麼驚人的夢魘。我非常氣這些老闆，簡直不相信他們再也不欣賞我了。沒錯，工廠在四個月後即將關閉，但解聘出乎我的意料之外。如今，我必須認眞看待自己的未來。我一回又一回發怒，否認事實。被迫遠離待了這麼多年的安樂小窩，確實讓人沮喪。我覺得很可怕，因爲不曉得如何幫助自己，在在被遺棄、孤立和嚴重的沮喪感淹沒。

雖然從前我總會鼓勵家人面對情感，但不知道這將帶來這麼大的轉變。我認爲自己因爲被解雇而遭到羞辱。更糟糕的是，我們必須懇求鄰居協助，才得以度過經濟的困境。老實說，在辛勤工作這麼多年後仍無法維持家計，這點讓我覺得無能。

有趣的是，經由一個一個體驗過不同程度的不安全感、恐懼和生氣，我發現到更多意想不到的自我。好幾個月前，麥可從小鎮回來探望我，在得知我的近況後，他的表情我依舊印象深刻。那時他相當關切，我則設法向他解釋這次經驗讓我學到很多事。我只想向他解釋，解雇猶如警鐘般點醒自己，因而有機會學得如何處理情緒、問題和自我的方法。由於不再自我欺瞞和確實體驗情緒，如今，我認同自己的力量是如此豐沛和有活力。

我將心中的怒氣在做家事時發洩，哭泣的眼淚遠比想像得多。我更加依賴那些摯愛的人。在心情極端沮喪時，要我從床上爬起也是件難事。

因爲我不自己批評，連帶家人也不會爲難我和我的行爲。我們知道這些劇烈的轉變，需要我以眞誠的態度面對，即使心裡憎惡也得如此。不可否認，在這過程中，偶爾我會起疑心和自認爲瘋狂。

之所以忍受，是因爲我了解這是學習更多自我的途徑。即使家人不支持，我依舊可以獨自擔起挑戰，但有了他們的支持，會使我更快活。

我完整體驗所有的情緒。比起以往，我更加完整，跟別人的關係也較親密（尤其那些摯愛的人）。現在我才明白，從前看待解聘的態度過於嚴肅，甚至不該有反抗的心理。

麥可表示，只有少數人可以坦然面對工廠關閉的事實。他看起來異常疲累，無法理解爲何我只留意這個事實帶給我的轉變，而非留意金錢的難題。或許，他一輩子都不能領悟到其中的道理。然而，我很快的明白這一切。畢竟，這次體驗讓我更加認識自我。我的中心認同是自我而非工作，雖然後者也頗重要。

哦，幾乎忘了告訴你我的新工作，薪資比原來的還多。儘管經歷了一段不算短的黑暗期，但最後的結果令我十分滿意。

迪派克．蕭伯拉在小說《魔術師梅林的重返》序中表示，大多數的人都深陷於社會的迷思，篤信生命只是生、老和死亡。如果想要自我實現，就必須感受情緒。

許多研究是針對逃過大自然災變、墜機或戰爭的人而作，結果顯示，大多數生還者只顧著臨機採取必要的措施，不論爲了自己或他人。此外，他們也表明，有必要感受自己當下的情緒，若非如此，根本無法逃過災難。那些不願意體驗傷痛的人，往後經常會有身體疾病、藥物濫用、情緒失控或自殺的傾向。

這點解釋了爲何承受高工作壓力的人（如：急診室的外科醫生、消防人員、心理治療師和其他危機處理人員），比較容易有藥物濫用或自殺的傾向。某些醫院、消防隊和危機處理中心都關注這種現象，因此不斷提供方法協助人員體驗情緒。

一生中，我們會不斷面臨試驗，如同嬰孩學走路般。生命不時有新鮮事值得我們學習，我們可以學習嬰孩，盡情從新的挑戰中發覺樂趣和感受情緒。在踏出生命的每一步，我們應當對自己提供無微不至的鼓舞與情愛，猶如父母之於嬰孩般。至於生命旅程，我們可以選擇要或不要有意識的參與。不論我們的決定爲何，它依然會持續往前進行。

品味問題

1. 近來，你允許生命用何種方法與你的自我接觸？
2. 請列舉出你願意用哪些方法拓展安樂小窩。如此，你與生命接觸的層面會更廣。

第二章 臨門那一腳

我們每個人對生命，或多或少都有所需求或欲望——金錢、情愛、友誼、健康或工作，不論何者，每個人都有自己最在乎的東西。通常剛開始，我們會一心一意達成欲求，然而在快達成時，又有些事不得不面對。接下來的個案，將闡釋此概念。

自我看顧

羅恩很得意，因爲今年的願望已經實現了。現在，他的新目標是增加運動量爲每週兩次，每次至少四十五分鐘，並把血壓控制在正常範圍內。爲了參加姪女的婚禮，他更努力減重，使腰圍和理想尺寸相去不遠。

他愛死了運動，特別是運動時所發出的急促呼吸聲。他向好朋友解釋：「我這樣並不是爲了減重，也不是要訓練體能。其實，這是自我看顧的方式之一。你看，我的精神比以前好太多了。」

但三個禮拜後，羅恩開始質疑自己到底出了什麼差錯？打從兩週前，他就開始吃零食，也不減肥了。而這段日子以來他到底做了些什麼，他也是一頭霧水。

「電視遙控器呢？」他喃喃抱怨：「我究竟把它放到哪兒了？」羅恩受夠了自己這陣子的漫不經心，但他不知道自己的問題究竟出在什麼地方？

親密關係

韋恩和珍在成爲情侶前，已經認識快一年。經過這段日子的相處，他們不但相互支持，而且各有一片成長的天空。現在，他們不只是一同歡笑而已，也互相照料對方的人生、房子和事業，可以說，他們正進一步深入交往。在了解對方的好惡後，他們認爲自己找到了最愛。愛情的滋潤，一步步豐富了他們的生命，他們也越來越迫切可以朝夕相處。

他們的心為對方敞開，期盼能夠有更多的時間在一起，甚至希望和對方分享一切。他們倆從來沒有體驗過這麼美滿的愛情；但是，隔天，不論韋恩做什麼，珍都感到光火。通常當韋恩在面前做手勢，她會覺得無妨，因為她知道韋恩只是調皮和精力過盛。今天情況卻可不相同，韋恩迅速的手勢讓她憤怒不已。

珍走到另外一間房間，胃部糾結在一塊，想和韋恩保持肢體距離。她發現腦子裡突然冒出這種想法：「我不肯定他是否是眞正的理想人選，但願能夠在不傷害他的情況下結束這段情。」

決策者

貝絲是一家擁有五百多名員工的公司總裁。她的工作主要是銷售服務，同時掌管五家超市。起先，她只開了一家店面，陸續才有其他連鎖店。這些店不但經營成功，還頗受好評。

她的商店不光提供消費者眾多選擇，更是以客爲尊。五年來，公司管理階層從未有過人事方面的難題。於是，她成功且創新的管理技巧口耳相傳，一家享譽國際的雜誌還跟她約時間訪談。

貝絲喜愛接受新的挑戰。她經常詳細審視每一篇新的管理理論，參加訓練，並接納任何新建議。短短幾個月內，那家她夢想以顧客爲尊的第五家商店果眞實現了。她對著鏡子調整好領巾，並跟自己說：「生命還會比現在更美好嗎？我的夢想實現了。」

兩個星期後，貝絲躺在醫院的床上，環顧朋友送來的鮮花，她依稀記得這些鮮花，都是愛她、尊重她工作成果的人送來的，裡頭充滿了問候、安慰之詞，比如：「過去，妳對我們社區的發展鼎力協助，但願現在我們有機會回報妳。祝早日康復。」

她的醫生也相當關切的說：「貝絲，妳已經度過最艱難的時刻，不用多久妳就痊癒可以出院了。不過我希望妳未來所做的一切，都是自己眞正喜愛的事。」

是嗎？難道她的事業不是她的最愛？她在心中畫了個大的問號？

企業家

麗蓮是家中第一位完成高中學業的人，父母非常渴望她能成就大事業。才剛結束畢業典禮，媽媽就對她說：「我和妳爸爸一直渴望孩子能接受教育，才不必像我們這般辛苦工作。」

媽媽誠懇的態度觸動了麗蓮。她的哥哥老早就輟學不再念高中，在工廠當工人，不時和朋友們四處遊蕩。對麗蓮來說，完成學業易如反掌；從小她熱愛閱讀和研究，學業方面的成就有目共睹。

於是，她進入一家社區大學研修商學。光榮畢業後，她在一家小型公司上班。老闆很快就看出她的潛能，所以不斷交付最艱鉅的任務。

麗蓮的上司瑪麗亞，和她有類似的成長背景，自然而然待她猶如親生女兒般。有了這層關係，麗蓮工作上如魚得水，不但學習迅速，勇於承擔挑戰，在很短的時間內便能獨當一面。

逐漸的，她開始為自己設定目標。隨著接觸的客戶越來越多，她夢想自己擁有一家公司。在與上司討論後，瑪麗亞認爲麗蓮距離這個夢想只有咫尺，於是，一方面麗蓮拉攏好許多手下的客戶，在新的一年一起跳槽與她合作；另一方面，瑪麗亞設法幫麗蓮接洽新客戶，兩人攜手積極籌辦新事業，期待在新的一年一塊奮鬥，放手一搏。

可是到了十一月，她們的計畫產生新變數，麗蓮再也不專注於工作上，而且表現脫軌得離譜。瑪麗亞根本沒把握屆時麗蓮能不能完成任務，開始質疑她是否有能力成爲獨立的企業主。

根據麗蓮的說法是：「我根本無法成爲獨當一面的企業主。只要別人給予我的指示夠明確，我就能夠達到超水準的演出。這也是爲什麼到目前爲止，我看起來都這麼傑出的原因。可是，說穿了，我也只不過遵照別人的命令與指示做事罷了。」

犧牲者

布倫黛在朋友茱莉面前翻著彩色的小冊子，「看看，這本小冊子眞棒！甚至還說明如果我參加不了訓練，可以毫無條件退費！」

「那麼，妳可不能錯失這次機會！」茱莉在一旁加油打氣，「這次訓練包括哪些項目？」

「每一樣我想學的事情都有。我認爲它可以傳授足夠的技巧和知識，這樣我就有機會晉陞不同的職務。」

「那妳打算參加囉？」茱莉問。

「也許。事實上，我不確定參加一個研討會能使情況有多大不同。在我們公司，男同事的薪資一直比女同事多。管理階層表明，女性的工作能力原本就比不上男性。因此，女性別想得到如男性般的薪資或職務。男性主管向來主導公司的運作。」

「所以，妳到底會不會參加這次研討會？」

「我想不會的可能性比較高。畢竟，公司裡的男性主管早把我看穿了。他們非常清楚我熱愛眼前的工作，而且表現得很不錯，我壓根兒不可能放棄工作離職。」

到底哪裡出了問題？

這是四篇關於職業、工作、愛情和健康的故事。除了失望，這四個故事的主角有哪些共同的特色？爲何他們無法達到心中所求，即使離成功只有一步？

生命能保證的不多，唯一可以確定的是不斷轉變的生命過往，並提供一連串關鍵性體驗，賦予我們成長的機會。一旦快達成心中欲求，我們心底的「法定監護人」便製造最激烈的反抗，甚至讓人心生畏懼。主因是法定監護人不希望改變，於是內心頓時感到迷惘，即使改變會帶來更多好處，依然心存疑慮。結果，在毫無意識的狀態下，我們放棄那幾乎快到手的成就。這種情形，在上述的個案中一覽無遺。

法定監護人是我們內心的核心認同。孩童時期，在它的監督下，養成了我們的人格。然而，長大成人後，它依然認爲我們軟弱無能，還沒有資格得到冀求的每一件事，其任務變成遏止我們以爲自己力量無窮。此外，它阻礙我們體驗情緒，限制我們有所改變、突破，因爲法定監護人堅信「改變」是不安全的事。

猶如心理防衛機制和各種求生技能，我們的法定監護人也會在必要時自動出現，協助我們。原本它是設計來保護我們的，把危險阻隔在外，爭取時間讓我們成長，集聚足夠的力量，做好面對挑戰的準備。事實上，它們的目的是保護我們免於傷害，甚至借用恐懼感這項法器，防止我們做些能力不及的事。

恐懼和社會信念，使得法定監護人更加壯碩。逐漸的，它脫離了自我，發展出自己的生命。對大多數人而言，隨著年齡增長，法定監護人搖身一變成爲主導者，而不再是提供服務的僕人。如同我的一名患者所言，是我們允許法定監護人進駐內心的。

結果，在法定監護人不斷的爭戰下，使我們不敢跨出臨門的那一步。基本上，法定監護人不願我們成長，因爲成長即意謂著它的退出。一旦我們嘗試想去忽略法定監護人的存在，並企圖迅速通過轉捩點，內心的爭戰益形劇烈。

畢竟，法定監護人依然需要我們的認同，希望我們可以體驗它滲露出的恐懼。倘若忽略它這方面的需求，內心勢必一團混亂，進而產生「趨避衝突」的心態，並且自暴自棄。

稍早我有提及，即使內心的安樂小窩是不舒適或痛苦的，它依舊是我們熟悉和了解的事物，所有的痛苦和不快，都是可以預料和掌握的。一旦遠離了這個小窩，我們面對的是全新、未知的領域，當然，所有的運作模式再也不同於過往。

這點詮釋了爲何有些人的銀行戶頭會一再出現赤字；爲何有些人一再立志參加健康或減肥課程，卻始終不成功；爲何有些人老是找不到理想工作，一年換二十四個頭家；爲何有些人總是抱怨人際關係不好，卻不在意如何改善檢討……事實上，我們離目標只有一步之遙，但都是自己一手將它推開。

倘若沒有體驗自然成長的過程，生命將會淤塞而不完整。可是，我們的法定監護人卻誤以爲在沒有變化的情況下，它們的感覺會更加充實。它著實害怕，我們全面認可自己的能力。沒錯，在成長的過程中，法定監護人相當保護我們；然而，現在我們不但長大，而且必須有所改變，法定監護人趕不上我們力量增強的速度。

所以，我們必須接二連三透過體驗，最終才能獲得冀求的事物，協助我們從已知的安樂小窩挪移至另一個新的領域。在這當中，我們必須克服的是最高程度的恐懼和自我疑慮。

品味問題

1.可將生命體驗比喻爲體操用的鞦韆。我們要不是及時捉住迎面而來的鞦韆，不然就任由它甩到背後，重新給自己第二次機會。想想，有哪些生命體驗是你第一回就牢牢捉住的？是第二回？還是第三回？

2.請花十分鐘，不間斷的完成以下的句子。即使腦袋出現的字詞沒有特別意義，依然將它們寫下。假使腦袋空白，就隨意塗鴉，直到有所想法爲止。不間斷書寫，如此你才跟得上進度。

「當……我會完成它。」

3.回顧上題的作答。有哪些事會阻礙你得到心中的欲求？

4.上一回在你幾乎快得到心中的欲求時，有哪些事打斷這一切？

5.關於改變，哪些事最讓你感到受脅迫？

第二章

感受就只是感受

我們曉得如此多，但感受卻如此少。

一位苦惱不已的母親向我求助。她說：「我覺得很空虛。我期望生命能夠更豐富。」

我望著她，非常同情她的處境。對於生命，她缺少一種自發性和興奮感。她的步伐毫無生氣，心情也沉甸甸的，一切作爲猶如機器人。

我跟她說：「妳必須學著去感受情緒。」她卻堅持：「爲什麼我必須去感受情緒？」

對於她的回答，我一點也不感到意外。「因爲妳一直被教導不要體驗情感，結果卻造成今日的心靈空虛。坦白說，妳正被空虛的情緒掌控。難道妳不想體驗什麼是豐碩的生命嗎？」

一旦明瞭這個概念，她不再堅持己見了。大多數的人都在自欺欺人，感受不到快樂。結果，因爲心中的不悅而覺得自己力量有限，甚至抑鬱寡歡。根本不曉得在負面情緒的另一端，有許多值得我們探索、摘採的事物。

我協助她的方式，跟她原本想像的大相逕庭。此外，在知道她育有小孩後，我也鼓勵她視孩子們爲最好的導師。

「我無法理解。」她皺著眉頭問，「我從妳的眼裡看到喜悅，原以爲妳會和我分享祕訣。」

「我已經告訴妳了啊！」我肯定的說，「妳的空虛起因於封閉的心靈。妳已經喪失對生命自發性的熱忱，因爲妳幾乎不理會情緒的存在。不過，妳還算幸運，因爲妳的孩子可以教妳如何感受。」

隨著我們交談，她開始放鬆心情，甚至聊著聊著，眼淚潸然落下。長久以來被她否認的自我，正逐漸得到釋放。

孩子們的箴言

在諮商的過程中，我和她分享了以下的這段對話。在這段對話裡，孩子的話語分別出自於不同的年齡層。

大人：「告訴我，該如何體驗情緒？」

A小孩：「我不知道如何不感受情緒。」

B小孩：「只要感受就可以啊！」

C小孩：「不要猶豫不決。」

D小孩先是大笑，接著面露難過的表情，「哇——」然後又說：「瞧！」他咯咯大笑的扮著鬼臉。

大人：「你如何感受情緒？」

A小孩：「不知道，就是感受嘛！」

B小孩：「如果想尖叫，就尖叫。如果高興，就大笑。」

C小孩：「前一分鐘，我想哭，不過現在卻想笑。我只是照做，不會太難的。」

D小孩：「你所要做的，就是感受心中的任何情緒。做眞實的自己，不要在乎別人。」

大人：「可是，如果有人聽見或看見該怎麼辦？」

A小孩：「那又怎樣？」

B小孩：「告訴他，你正在快樂或難過啊！無傷大雅嘛。」

C小孩：「也許，社會也需要號啕大哭呢！」

D小孩：「爲何你會如此在意別人的看法？難道不能只愛你自己一人嗎？」

大人：「有時，我會愛自己。」

D小孩：「不夠，你們大人對自己的愛總是不夠。」

大人：「爲何你會這麼說？」

D小孩：「遵照別人的意思做，是件容易的事，但釋放自己的情感不是件容易的事。」

大人：「這不會很難嗎？」

C小孩：「困難的是你停止感受情緒。事實上，感受它們一點都不難。」

D小孩：「沒錯！一旦停止感受情緒，你就不是眞正的自己，而是別人。」

不要封閉你的心，不去體驗苦痛。別忘了，生育時的苦痛是爲了生命的誕生。

一旦明白其中的道理，就不會再給體驗貼上痛苦的標籤，並以爲情緒毫無益處。實際上，體驗情緒所耗費的精力，比蓄意不體驗來得少。很快的，情緒讓我們遠離羞辱、罪惡、責罰和傷痛。

我們每個人都可以是老師，不過，最好的老師還是那些懂得隨心過活的人。一且我們下定決心有意識的過活，生命的下一步會不斷迎刃而解。畢竟，情緒存在於生活！倘若我們不加以留意，種種情緒會持續在耳際喧吵，直到我們願意體驗為止。

其中，孩子是我們最佳的導師。除非我們出面遏阻，否則孩子們最懂得體驗情緒。他們可能在短短的一秒鐘，轉化悲傷的心情為喜悅。為什麼？因為他們向來不批判情緒，只是單純的體驗，情緒自然可以隨心所欲的變換。而且，那些成長於健全家庭的孩子，較能以開放心胸接納體驗中的喜悅。他們會依據新訊息，不時更改對事物的認知，而不會堅持已知的成見。畢竟，生命就像充滿許多樂趣的大型遊樂場，值得我們悠遊其中，探索它的趣味。

品味問題

1. 猜想你意圖擺脫生命的掙扎。那麼，有哪些情境你不再批評為錯誤、感傷、痛苦或多餘？取而代之，你視它們為學習與成長的有利工具，可以讓自己更為完整。

2. 情緒，建造了我們從當下位置到目的地（欲求）的橋樑。參閱上題，有哪些情緒是你願意感受而不會抨擊呢？

輯四

畢竟，在面對無知時，

我們深信過去的體驗可以協助自己度過難關。

小鹿的故事

狗屋裡蜷縮著一隻毛絨絨的小鹿。我好奇而膽怯的向裡頭望了一下，牠剛出生沒多久。我和鄰居查理的看法一致，認爲牠不可能活下來。在此之前，牠徘徊在一條炎熱且充滿灰塵的馬路上，乞求人們收留。最後，一名善心的卡車司機出面救了牠。

我以前見過這名司機，卻記不得是在哪兒。在這個荒涼的山區，居然有這麼和善的人，著實令我意外。他是獵人嗎？還是位樵夫？我的腦袋不時思索著這個問題，直到有一天，我突然想起他就是那晚喝醉酒倒在溫泉旁的那個人……

那天，我嗅出他辛勤工作了好幾天，喝了好幾小時的酒，藉著酒膽，他毫無忌憚的打破當地排隊等候的常規。正當我和另一半坐在溫泉旁，享受泉水聲和夜晚閃耀的星星時，他對著我們粗聲怒罵。

這個遙遠偏避的山區，只住著寥寥幾個人。雖然我們不時在路上交錯，但我不曉得每個人都有許多不為人知的一面。今天我才知道，原來這位司機也有另一面——對這隻嬌小、脆弱的小鹿，表達出最深的關切。

自從他在街上撿回那隻小鹿後，便一直思索該如何安置牠，他聽說查理非常善良，也養過其他年幼的動物，便想查理不會推辭才對。

不料查理一聽他的來意，便說：「你聯絡過動物保護協會嗎？」

「他們說飼養是不自然的行為，我連試也不想試。」

「可是，一旦保護協會發現這件事，一定會找麻煩。所以，還是必須知會他們。」查理強調。

「是沒錯，我也明白。」司機先生不滿的說：「可是，曾經有一回，一隻山貓掉入我設計的陷阱內受了傷，我好心的打電話知會他們，沒想到他們卻擅自把牠放了。從那次以後，我發誓再也不跟他們接觸。」

「到底發生什麼事？」我在一旁焦慮的問著，心中那股保護動物的熱忱油然而生。

「他們到我那兒，用一條繩索勒住那隻山貓，直到牠失去意識為止。接著，他們趁我離開時，偷偷把山貓放了。」

查理附和說：「他們根本不想施予任何援手，除非問題眞的發生。就像野狗協會，除非你說狗兒得了狂犬病，不然他們不會出面捕捉。」

面對他們不滿的心聲，我爲自己提出的問題感到抱歉。幸好，他們仍把議題放在小鹿身上。

查理手捻著鬍鬚問：「牠是公的還是母的？」

「母的。」司機先生回答。

「嗯，那就好辦些。如果是公的，最後一定會跟我的狗吵架。」說著說著，查理把頭探入狗屋內，看看這隻小鹿的情況，「牠看起來還算健康，但小鹿到後來的狀況都不是很好。」看到可憐兮兮的小鹿，他不由得感嘆，「鹿對待人們的態度很友善，以爲所有的人類都不會加害牠們，因此不時掉入陷阱中。」

「莎拉說你有一隻母山羊，將會視小鹿爲己出。」司機先生用生澀的語調，試圖說服查理。

「不對，我的山羊並不會授乳。」

他一聽，臉色立刻沉了下來，但還是信心滿滿的說：「我順便帶了些奶給你瞧瞧。這是我由一位不再餵食孩子的母親那兒得來的。」

是做決定的時機了。通常，查理的軟心腸會打敗理智上的思慮。這時，他提起了狗屋，心想，他也許可以試著用餵食小山羊的奶哺乳這隻小鹿。

大夥兒這才鬆了一口氣。司機先生不時聊著這隻小鹿的事，比如昨兒個這隻小鹿拒絕進食。這時，我才明白爲何他如此急切尋求適當的撫養者。畢竟，每一小時或每一分鐘，都攸關這隻小鹿的存亡。

查理是這位小鹿的天使，細心將牠安置在合宜的地方。在幾個小時內，查理已經餵食他兩餐了。之後，牠安逸的待在狗屋裡休息，而查理的狗蘇西則呵護般舔著牠的兩頰。

我的狗則在狗屋外嗅著，想以適當的方法和這位突如其來的新朋友溝通。牠實在過於好奇，令這隻小鹿緊張萬分。我在一旁，試著不讓狗兒騷擾小鹿。

查理看到笑著說：「蘇西和小鹿已經黏在一塊了。或許我的狗長大後，會以爲是自己是鹿，甚至不會追獵鹿群呢！」

蘇西俯臥在狗屋的門口休息，但一隻耳朵依舊高高豎起，如此才能伺機保護小鹿。

「我還是會通知保護協會的，」查理不自然的笑著說，「週末他們不上班。他們天眞的以爲盜獵只發生在工作天。」

我們決定在外頭守護著這隻小鹿，直到牠健壯到可以離開圍欄，在外頭活蹦亂跳的過日子爲止。這段期間，我戰戰兢兢的看著，擔憂其他的狗闖入院子裡，驚擾了牠，或牠一不小心誤踩查理所設的陷阱又企圖逃脫，那這條小命可難保了。

坦白說，我幾乎不敢觸摸這麼小的鹿。牠的毛比我想像中厚了許多，褐色皮毛上綴著白點，但若要和我們的長毛狗相比，牠的毛要短、粗許多。

雖然查理的母狗視牠爲自己的孩子，但那隻公狗卻只把牠當成玩伴，就像和蘇西玩一般，牠會試著抓咬這隻小鹿的前腳。我常命令自己的狗只能坐在一旁看，查理也常著抓住這隻公狗，不讓牠這麼和小鹿玩，唯恐傷了小鹿。

我明白我們太過於保護這隻小鹿，畢竟這是全新的體驗。這隻小鹿渴求屬於自己的自由，牠在查理的圍欄內看起來是如此孤寂，並且審慎研究該如何在這個妥善照料的院子內過活。然而，牠距離解脫的日子還有一段時間。牠渴求狂野、奔騰，但也明白現在得待在查理這安全的居所。

逐漸的，牠開始懂得吸吮查理的指頭。拇指先生是現階段牠的最愛，雖然無法滿足牠對母愛渴求。對牠來說，不能躺在母鹿肚子側，感受母愛的溫暖和安全，確實是一種折磨。

尤其當我聽見小鹿企圖逃離院子，發出猶如「媽——媽」的叫聲時，大吃一驚。我從來沒想過小鹿的叫聲是什麼樣子，但猶似「媽——媽」的哭喊實在令人心酸。出於憂心牠的安全，我毫不考慮的將牠放回狗屋內。

壓抑另一個生物的自由，著實讓我不適。之所以選擇住在這一帶，是因爲群山環繞。在微涼的傍晚，俯瞰悠閒的村莊和潺潺蜿蜒的河流時，我可以感覺到自己與雄偉的大自然相繫。夜晚星空如此燦爛，我彷彿站在地球上的最頂端。我不禁自問：「我怎麼可以剝奪小鹿想發覺眞正自我的欲求呢？」

小鹿熱切渴求媽媽的撫慰，牠那小小的身軀企圖推開我的雙臂，乞求能夠成爲眞實且狂野的動物。不過，我仍一味的認爲必須等到更年長和強壯，有足夠能力面對大自然的挑戰時，才能放了牠。畢竟，我曾見過發出悲鳴的受傷小鹿，這種印象很難從心裡抹滅。

接下來連續兩天，小鹿仍舊渴求自由與媽媽，於是查理開始思索該如何讓小鹿快樂。每次注視牠的雙眼，我都爲自己無理的堅持感到愧疚。原本查理期望山羊會接納小鹿，也事與願違，兩隻最壯碩的公山羊和母山羊，迅速將牠排斥在外。山羊們清楚的知道，小鹿與牠們並非同類。

查理下了個結論，狗屋才是小鹿的最佳住所。雖然小鹿痛恨與同類隔離，不過，牠還頗喜愛狗屋的舒適與安全。

三天後，查理釋放牠到外頭活動。儘管口中仍不斷發出「媽——媽」的怪聲，牠仍小心翼翼的跟在查理後頭散步。一路上，查理的雙眼一直沒離開小鹿。此外，蘇西也在一旁看著牠。

突然，查理留意到不遠處有隻母鹿，小鹿也發現了，眼巴巴的望著那母鹿，不敢行動。

接著，查理看到母鹿如何指引他身旁的小鹿，期待牠也能擁有自然的生命。當然，小鹿使盡渾身的法子，設法與母鹿溝通。霎時，母鹿朝蘇西攻擊，嚇得蘇西趕緊躲到查理的腳邊。基於母愛的天性，母鹿將小鹿帶離查理和蘇西。出於天性的直覺和順從，小鹿愉悅的在母鹿身後跳著、跑著，一步步走進森林。

查理對於動物們快速的溝通方式，感到十分不可思議。小鹿和母鹿之間的連繫如此自然與快速，這點他根本做不到。查理有點難過的清理狗屋，半里外，小鹿正和兄弟姊妹們與母鹿嬉戲著，享受母鹿的滋潤。

那晚，小鹿幾近狂喜的與母鹿在星光閃爍的夜空下共眠。鹿媽媽身上的塵土味是如此誘人。對小鹿而言，母鹿是這麼強而有力和體貼。不過，當小鹿貼著母鹿睡覺時，也憶起查理那雙眷顧且強壯的手，和蘇西那溫暖、關愛的舌頭。

這個眞實故事，闡釋我們對於自由和安全感的抉擇。不像我們大多數的人，小鹿選擇的不是安全，而是自由。事實上，牠根本不確定母鹿是否有足夠的奶水，供牠和手足們飲用；同時，牠也不確定在母鹿嗅出牠身上混有人類和狗兒的味道後，是否仍舊會視如己出；再者，如果兄弟姊妹都像查理的山羊那般排擠自己，屆時又該如何？但這諸多疑惑，依然阻止不了牠追尋自由的決心。

小鹿將憂心拋諸腦後，專注於成爲眞實的自己，寧可擁有豐碩的生命，也不願委屈求全的活著。對於直覺，牠是百分之百的忠貞，毫不畏懼迎向生命下一步的挑戰。

相較於牠，我們對於自由的渴望有多少？在對未來無知的狀況下，我們有多少意願遵從直覺，毫不忌憚的捍衛自己眞實的面貌。

健康、合宜的冒險，有助於培養自信與自尊。當然，它也是我們掌控自己的唯一有效途徑。一旦非常渴望自我實現，我們自然會遵從直覺，讓眞實的自我指引一切道路。

畢竟，在面對無知時，我們深信過去的體驗可以協助自己度過難關。

品味問題

1. 一生中，有哪些事你比較期望知道結果，而不願先採取下一步？
2. 倘若必須放棄安全無虞，以換得眞實的自我和自由，你會恐懼哪些事情發生？
3. 描述某些採取過的健康冒險經驗。經過這些經歷後，你反倒察覺原來自己一向被人保護得很好。
4. 描述經歷工作和生命上的冒險後，你有何不同。

第二章

不再拷貝情緒

重點不在於發生何事，而是在你如何因應。

想哭就哭，想笑就開懷暢笑，盡情感受情緒，擺脫「爲什麼」的自我質問，把「我覺得受傷了」、「我很害怕」、「我很難過」、「我很喜歡」、「我很愛你」常掛口中，你生命的旅程將進展得更爲快速，你所獲得的力量、情愛與自我也隨之更爲豐碩。

通常，當我們自問：「爲何這件事發生在我身上？」或「爲什麼我的感受如此？」意謂著我們臆測現狀是錯誤的，亦即我們對情感依舊處於受害、責罰和拒絕的心態。

爲何有這種種感受，並非我們必須探求的重點！如果你決定與腦袋爲伍（亦即用智識處理情緒問題），請務必記住，你是去意識情緒，而非分析：分析情感只會延誤生命的進展。

大多數人的抉擇，一不小心會落入對苦痛上癮的惡性循環中。這樣的痛苦折磨，其實是可以避免的，處理負面情緒或度過人生難關的快速有效方式很簡單，只要你在不批評和不分析的原則下，體驗身體感官傳遞出來的各種訊息，你就會像久旱逢甘霖般，從困境中重生，學習到如何眞情流露。

人是完整的生物，身體是設計用來知覺、呼吸、製造聲響、挪動和舞蹈。造物主造人是期待我們可以全然的表達自己！事實上，有數以百計的方法，包括隨心所欲的舞動肢體、呼吸技巧、任意發出聲音……都可以用來釋放被壓抑的情緒，和發洩受阻礙的精力。

熱忱表達情感，是我們與生俱來的權利。藉此，我們可以逐漸培養出對人際關係、工作和其他生活層面的熱忱和協調能力。你不妨試著給自己一天的時間，以熱情的態度表達情感。然後，你仔細觀察你的情感如何鮮活起來，身體感官又變得何等敏銳，同時，請留意體內的力量又有何變化。

一旦體驗過痛苦、恐懼、喜悅等情緒，你將深刻明暸，情緒是大自然賜給人類最珍貴的禮物。藉由情感，你才得以參與兩極化的生命，從中獲得最寶貴的人生智慧。最勇敢的人，會非常熱中於自我實現，他們曉得如何善用情感，作爲豐富生命的觸媒劑。

周遭的人將隨你而變

當你以熱忱的心態看待生命，會有許多人不知不覺被你充沛的活力吸引過來，想與你共處。然而，他們有勇氣和你同樣坦露自己的情感，甚至全盤接受你毫無保留的情感表達嗎？

不可否認，有些人會因爲你的作爲而不自在，甚至排斥你。他們企圖證明你的不是，如此才能確保自己的認知無誤，可以安居在他們保守的舒適小窩裡。他們的排拒行爲，起因於你的作爲正好反映出他們不願面對的情感眞世界。

另外，還有的人會有意識或無意識的受到你的影響，漸漸的，他們也開始體驗生命。對善良的絕大多數人來說，他們對你的出現，抱持敬而遠之的心態；此外，也有一部分的人，會自以爲是的勸你不要對生命如此熱情奔放。

情緒發作不受時間限制

情緒並非緊跟在狀況之後就立即發生，有時，雖然我們已經明瞭發生了某事，情緒卻需要時間醞釀才表露和宣洩得出來。記得我離婚後沒多久，有一次在由東岸飛往西岸的飛機上，莫名想起離婚的痛苦，一直哭泣，鄰座男士心生憐憫想開導我，我卻回答說我沒事。那時，那名男士非常善解人意，知道的確需要些時間，才能撫平離婚的苦痛。

另一些時候，情緒會來得比事情發生的早。有天早上，在不明究理的情況下，我覺得異常憤怒。我唯一能做的是，釋放一連串帶有危機的怒氣。接下來，我漸漸感到注意力集中起來，這才安心上班去。當時，我一點也不擔心爲何剛剛發脾氣，也沒浪費多餘的氣力去責怪其他人或某事，只要把氣發一發，待氣略消了，便可以把心力放在工作上。

那天中午過後沒多久，我接到一封掛號信，通知我辦公室已經被售出，但在此之前，一點徵兆也沒有，房東絲毫沒向我透露過什麼訊息。儘管如此，我仍被迫得在三十天內搬離。這個例子再次重申重視情感的重要性。倘若那天早晨沒有宣洩心中的怒氣，這股情緒會纏繞著我好幾個小時。幸好我及時把怒氣發了出來，下午才能以平和的心態處理這件無理的要求。

承認自己有情緒

有時我們會害怕，一旦全面敞開心胸接納情感，將永遠擺脫不了恐懼、悲嘆和生氣等情緒的陰影。這種擔憂其實是多餘的。唯有當我們否認或壓抑情感，它的反作用力才會加大；我們越壓抑，它會越反彈，越求取我們的注意。一旦我們認同種種不愉悅的情緒，它則會像受熱的軟棉糖，變軟、融化，在我們坦承情緒的苦惱後，整合成爲自我的一部分，卻帶給我們頗多益處。情緒並不會因此消失，它依舊存在，只不過轉換過後的情緒，可以讓我們更加自由、充滿活力和對生命的熱忱。

另外，我們也會擔憂一旦體驗情感，那些害怕的情緒出現的機率會越來越頻繁。例如，我們會憂心假如感受些微的恐懼，便一直得面對它。但要明白，本書並非教你將諸如恐懼或不安全的情緒，視爲自己的主要認同。每種情緒，充其量只是兩極化的一端而已，面對它可以幫助我們，體驗另一端更多極致的感受，協助我們克服恐懼和不安全感，而且除非否認恐懼或不安全感等情緒，它們不可能會一再出現。有情緒的力量都是無限的，我們可以善加利用爲自己帶來好處；也可以選擇壓抑它們，讓我們的身心飽受創傷。在情緒浮出檯面時，我們越能認同它們，就越能利用它們攀爬至兩極化的更高極限。

觀察身體感官

如果體驗身體感官對你是件困難的事，請將一隻手放在心臟的位置。當某事喚起情感，或者想起過往愉悅的時光時，務必小心感受身體感官。相對的，也請以相同的方法，體驗難過、悲傷、生氣和恐懼等情緒。

此外，你也能輕快搓揉雙手，由雙掌間體會自己創造的精力。接著，小心翼翼捧著這股精力，觸摸心臟、腹部、咽喉等部位，留意自己的感受。自我承諾，每天經常與身體感官配合。仔細觀察心臟、胃、咽喉、頭部等部位傳達出的情感。留心在什麼時候，會感到體內精力受阻。這受阻礙的精力也等於在暗示，你正在拒絕體驗情感。

尋求借鏡

當不知道心中的情感爲何，我會尋求借鏡。我們的借鏡四處可見，不論是親朋好友、路上的陌生人、配偶、寵物、大自然、電影明星、藝術品等。我們可以選擇的對象數以萬計。

有一回，我意圖否認自己對未來的恐懼。那時，我正好和威廉在幽靜的河畔露營。透過氣脹的腹部和死氣沉沉的感覺，我曉得自己正在拒絕某種不知名的事情。於是，我順從直覺，靜靜朝河邊走去。接著，直覺指引我停下腳步和保持沉默，因此我蹲下來仔細瞧瞧四周。

一隻嬌小、受驚嚇的兔子，來來回回迅速在草叢中穿梭，牠看起來似乎相當口渴，但每次到達河邊正打算彎腰喝水時，卻又驚恐的落荒而逃。這種情形持續達十五分鐘之久，兔子一口水也沒喝到。於是，我仔細觀察起四周是否有其他掠食者，或是已經霸占這條河流的動物，但卻一無所獲。

至此，我越來越明白當下的借鏡是誰。眼前這幕景象告訴我，我過於惶恐，以致得不到心中欲求，即使一切早已垂手可得。我相當感謝這隻兔子給我的啓示。一旦看清事實，我便能安心體驗恐懼，消除不必要的擔憂和猶豫。漸漸的，腹部的撐脹感消失，體力也恢復了。

體驗深層的情緒

剛開始，許多人會拒絕體驗深層的情緒。於是，他們的作爲猶如照本宣科的演員。一旦我們以演戲的態度面對情緒，就會不斷創造多餘機會給雷同的情緒。

一再雷同的情緒，和體驗深層情緒是不一樣的，後者可比擬為剝洋蔥。剝洋蔥的過程，意指我們不斷感受內心更深層的情緒。雖然這層情緒類似上一層，但畢竟不同，況且，我們的確在經歷更深入的兩極化。

人是慣性的動物，一再面對相同的情境，的確可以令人產生安全感，因為一切都在預料之中。為此，他們誤以為已經掌控一切；他們不但知道繼之而起的情緒為何，也明白如何體驗。然而，這一切都不是眞的。我們的情感會一點一滴轉變，過程如此微妙，令你根本無從察覺。

有時，我們會覺得自己不該快樂，所以一再製造麻煩給自己。通常，「法定監護人」會不斷的提醒我們過往的種種，諸如虐待孩童或家庭暴力事件，它會不斷在相關與非相關的情境中冒出來，警告我們沒有權利快樂。面對這種情形時，我們只需自我提醒，感受情緒的堅持不過是幻象。它們最終的目的，是不想讓我們相信自己可以擁有全部的人生。

有時，我們會彷彿失控般一再體驗相同的情緒，或者根本不曉得如何遠離犧牲者的角色。體驗過往錐心刺骨的苦痛，和承擔起生命責任向前邁進，同樣需要十足的勇氣。這兩者將使我們過得更完美。

記得多年前參與成長團體後，我不禁質疑爲何每個人在參加後，仍然活在過往的苦痛裡，一樣認爲自己軟弱無能，或者爲了現狀而責怪父母。我腦中一直盤旋著以下的看法，「體驗情緒，確實可以釋放出自己。然而，我們竟花了許許多多的時間把自己囚困在過往，難道你看不出來，過往是協助自己成長，不是要我們停駐的？請注意，現今自己的堅強與熱情，都是從過往的體驗中學到的。那麼，與其從過往體驗學習，何不從此時此刻開始呢？」

從那時候起，我知道自己必須下定決心面對生命，必須自己一肩挑起自己的生命責任。

從此，我再也沒有參加任何成長團體，儘管它曾幫助過我。但該是自己打拚的時候，就該自己站起來，這是我過活的新方式，取代以前認爲「我無法——因爲過去——」的想法。如今我全然接納自己，有勇氣成爲眞實的自我。

重複體驗相同的情緒，類似於害怕嘗試新事物。我們擔憂自己是否會像接納舊事物那般，接納新的一切。有多少次我們外食選的是同一家餐廳，點的是相同的菜色？理由是我們熟悉或明白自己喜愛這些菜色？甚至有時候，我們一再拖延時間讀完小說，因爲不肯定是否能夠找到一本可以讓自己同樣沉迷的書。於是，我們慢慢欣賞最後那一章的那幾頁，一段一段細細玩味，並針對特定句子加以欣賞。

其實，我們也沒必要批評這種一再重複的經歷。你只要加以留心，試著感受這一次和上一次是不是有些許的不同。爲了避免內心反抗，你可以試著與「法定監護人」對談，藉此表明自己已經全然體驗和接受了。

事實上，那些你一再重複面對的體驗，猶如不再有用的舊思想，只需得到你的認可，而非抗爭。而「法定監護人」的韌性相當強，你可以與它協商取得共識，讓它不再扮演主人而是僕人的角色。

我們的力量是與生俱來的。唯有運用我們的意識，才能使力量充分發揮功效。別忘了，「法定監護人」的產生，是因爲我們自覺軟弱無力。因此，「法定監護人」只有思想，是我們提供它們生命的活力。意識和熱忱均爲我們成爲眞實環境的工具。

感受眞實的情緒（例如：悲傷、失落或生氣等），與一再體驗扭曲的自我，這兩者有很大的差別。你必須體驗情緒，以及開放心胸接納任何改變。如果身體感官有所反應，便代表你必須感受內心情感。

反之，倘若提示來自腦袋，而且在體驗後情況也沒什麼轉變，那麼很有可能是「法定監護人」意圖阻擾你。

你必須明白「法定監護人」會竭盡所能阻擾你改變與成長。一旦能夠不理會它們的阻擾，情緒自然會帶給你好處。我們再也不需要舊有的生活模式，和「法定監護人」的保護。

當你察覺出「法定監護人」在主導現狀，唯一的選擇就是立即改變。改變會把受阻的力量釋放出來，進而協助你用快的途徑（或者慢慢的體會慢途徑的滋味，這也是你成長的抉擇），且再一次強調，沒有一件事需要被摒除，因爲它們均有益於我們的成長。

體驗情緒不需要照本宣科，而且最好不要加以批評。批評只會延緩你的生命進展、讓精力受阻礙，和造成身體疲憊不已。只要感受情緒，不必管別人過往的體驗爲何。果眞如此，就等於向前邁出一大步，因爲我們已經勇於感受以往不准自己體會的情緒。

最終我們會發覺，以往自己照本宣科、一再體驗相同的情緒，對生命並沒有任何幫助。當我們對現狀感到無趣、乏味，就應對自己說：「我已經面對這種情境好多次了。這次我要把握機會，冒險探索未知的領域。現在我已經準備好接觸新事物了！」

於是，我們不再像昨日那般猶豫，能自在表露一切情感；也不再是情緒的拷貝機器，因爲我們對一再重複相同的情緒已感到相當厭煩。表達情感將成爲我們自然的行爲；發覺眞實生命不只包括苦痛與恐懼，畢竟，我們得面對的情緒千變萬化。

完全體驗情感，使得我們不局限於已知。讓我們懂得善加利用周遭每件事，協助自己成爲更眞實的自我。反之，如果一味耽溺於過往，只會阻擾我們通往生命的下一階段。

情緒為行動的動力

不論何種情緒，你都要一一感受。珍惜每種情緒，即使它帶來苦痛也得如此，並牢記每種情緒均蘊含豐富的智慧。耐心與自己相處，這才是眞正的愛。

終於，我們處理好某一特殊情境。這個時候，我們只曉得已經爲生命立下里程碑，內心卻沒有留下傷痛。對於別人相同的處境，雖然我們心知肚明，但卻激盪不了情緒的波瀾，除非跟他們共患難。

例如，在我爲父親的死亡而感傷不已時，情緒一再陷入否認、生氣、愧疚和沮喪的循環，一直到我完全體驗完畢才終止。因此，起初的情緒起伏，會尾隨一個較小的震撼，直到所有情感都被當事人體驗爲止。

因爲練習了本書提及的種種技巧，我感傷父親死亡的時間相當短。之後，我再也不受任何情緒牽絆。即使電影正播放有關親人逝世的情節，雖有同樣的感動，卻激不起我情緒的波濤。

享受意識力增加的喜悅

留意到了嗎？當你體驗情緒，意識力也會隨之增加。以往被你用來壓抑情感的力量，如今卻能吸收周遭訊息。體驗情緒，使我們確實活在當下。如今，我們可以輕易察覺身體和外在世界，總是為自己提供的暗示，並能善加利用。

在別人開口前，我已知道他們要說什麼。我們甚至可以閱讀別人身上有多少精力，以及看出來他們當下的心情如何。這些都要在不批評的原則下觀察。另外，每個人都相互聯繫，我們也很清楚這個道理。

我們的感官異常活躍。在這之前，我從未見過如此美麗的世界、聞過這麼沁鼻的香氣，以及聽過如此千變萬化的律動。以往，我們為何能夠不注意細柔與粗硬之間的巨大差異？又為何以為春風將吹黃樹葉？不對的，這些樹葉正狂舞著，相互間聊慶賀它們的存在。

直覺會告訴你下一步該怎麼走，我們只需遵從和完成指令即可。一旦不再堅持以理智看待情境，和允許自己體驗情感，我們便能汲取到智慧。新增加的意識力，則會帶給我們無法言喻的謙卑。

以前，我們怎麼能夠自我欺騙，忽視情緒和感官的知覺呢？在毫無生氣的狀態下，我們又如何自以爲生龍活虎？

唯有改變看待情緒的方式，你才會開始留意和體驗那些既存的事實。相信我，體驗情緒將帶給你神奇的生命。

品味問題

1. 描述近年你拒絕體驗和表露的情緒有哪些？面對這些情緒，你比較傾向於分析理解，還是親身體驗？
2. 要用什麼樣的法子，才能讓你不再拒絕體驗情緒？
3. 描述有哪些事物，是你工作和生活上的借鏡？

第二章

關於表達

有數以千計的法子，可以讓你表露情感。以下提供一些範例，刺激你思索有哪些途徑，能夠全然體驗情緒？對你而言最有效的技巧，不見得適用於朋友或同事。只要不傷及自己、別人或有價物品，表達情緒的方法沒有好壞之分。

事實上，在情緒的表達方面，你也不太可能犯錯，因此你可以盡情的嘗試各種方法，看看哪一種最合適在什麼樣的情境表露。

隨著人生的歷練與成長，對你最管用的方法也會跟著轉變，請敞開心胸接納新事物。

如果你仍拒絕表露自我，也不必操之過急。相信我，只要時機一到，你的反抗將自然消失。

不斷對自己承諾、表達情感，如此你的收穫將會源源不絕。

基本技巧

笑、尖叫、哭泣、吼叫、憤怒、微笑、嘆氣、呻吟、談天和狂喜的跳躍……等，都是體驗身體感官和表達情感的方式。駕馭自己的情感，猶如大浪中的魚兒，恣意讓浪水將食物送入口中。

同樣的，請允許情緒帶著你回到溫暖的家——自我。

肢體運動和聲音

在這裡，自發性是唯一的準則。身體會精確知道該如何挪動，以表露心中情感。如果可能的話，盡可能動到身體的每一部位，包括四肢和軀幹，同時配合聲音助興（比如：唱歌、尖叫、原始唱調等等），仔細留意呼吸的頻率，但不要意圖改變。

你可以自行或與某些志同道合的朋友一起練習。這類的活動頗適合與孩子們一塊做。通常，孩子會肆無忌憚、眞誠和具創意的挪動身體，這將會感染你的心情。

留意是否會對自我或動作批評。如果開始分析某項動作背後的動機，或者企圖理解其含意，那麼，你就是在採用慢的途徑體驗生命。

以下是你可運用的肢體動作或聲音：

- 自由移動或隨著音樂起舞。隨時變換拍子和樂曲。
- 打鼓。
- 躺在地板上，將雙腿朝上踢動。
- 捶打枕頭。
- 在沙發上跳動，或躺在地板上踢動。
- 哼著當時突發奇想的歌曲。
- 引人發笑。（一旦某人開始笑，不一會兒功夫，整間屋子便充滿笑聲。）
- 模仿動物的動作和聲音。

想想看，還有哪些安全的方法，可以盡情敲、捶、打物品。例如：踢、踏空的塑膠瓶，用塑膠棒球棒捶打空的紙板盒，用毛巾打椅背……等等。

藝術活動

諸如各種藝術的外在刺激，可以協助你體驗情緒。請運用你的直覺，不要分析爲何自己如此決定。盡情享受隨機選擇的樂趣，並從中學習事物。你將看見別人或故事中的主角猶如自己，內心情緒也會被誘發浮現到檯面上。

看電影、錄影帶、圖書館書籍（尤其是兒童書，不但簡短而且效果好），欣賞音樂、藝術展等都是很好的調劑。

具創意的活動

利用不同的勞作、繪畫和剪貼等技巧，讓創意得以自由揮灑。自在的創作，會協助你體驗和表達情感。此外，盡可能提供多種顏色的選擇。當完成作品之後，務必只欣賞而不分析、批評作品。並將它們放在經常看得見的地方，隨時敞開心胸接納它們對你的啓示。

準備好蠟筆、彩色鉛筆、水彩筆、水指畫、粉筆等你喜歡的道具。畫紙、亮粉、水彩、膠水、膠帶、皺紋紙、羽毛、貝殼、陶土等。將帶來意想不到的效果。在捏塑的過程中，你也同時在表達情感。並看不同的報章雜誌剪取吸引你的圖片，將它們貼在簿子上，時時觀看，或許會產生一些新的想法。

將沙子倒入塑膠盤內，用手指以不同的方式觸摸、玩弄沙。甚至，你可以準備不同的小物品（如：小石頭、照片、貝殼、樹葉）、袖珍模型（如：人物、房子、車子、動物和家具），蓄意設計沙盤內的景致，但不要對成品批評。

還記得孩子們可能在前一分鐘與隔壁朋友怒目相視，現在卻又與他分享三明治的情形嗎？

請依樣畫葫蘆，模仿一遍（不論有無同伴，均可）。

雜記和寫作

好幾個世紀以來，雜記和創意寫作一直是人們表達情感的方式之一。你可以精心安排，也可以恣意照心情寫作，寫下你的自我批評，或以模仿小孩的寫作方式寫你的心情。

總之，不用事先安排，或用那隻非慣用的手寫字（這將刺激你的腦部，讓情緒明顯的轉移）。請答應自己，連續十五分鐘不停的書寫。倘若當下無事可寫，就任意塗鴉，直到產生靈感爲止。甚至把腦海中冒出來不合邏輯、不具意義的想法也寫下來，重點是不斷的寫。在不批評的原則下，閱讀自己寫作的成果，在這同時，你將看見自己的洞察與情感。或者以「很久以前……」爲開頭，寫下一個短短的小故事。

回答一系列問題，如以下所列（用慣用或非慣用的手作答均可）。當情感浮現，請與它們同在和深刻體驗。這些問題只是範例，你可以自行增刪。

- 我最大的恐懼是……
- 如果能夠體驗最害怕的事……
- 我不想要改變，因爲……
- 當……我愛自己。

・當……我不愛自己。
・我對＿＿＿＿感到生氣。
・我已經批評自己＿＿＿＿的情緒。
・當……我感到焦慮。
・當……我感到快樂。
・當……活著有意思。
・如果能夠表達眞正想說的話……
・關於＿＿＿＿我覺得不錯。
・我接受自己對於＿＿＿＿的不好感受。

作答完畢且情感浮現後，只要這麼想：「這就是當下的情況。」

夢想

睡覺前，乞求夢境協助自己表達情感。在床邊放置一枝筆和一些便條紙，以便在夜半夢醒且記得夢中的情景時隨手記下。任何你想知道的事，都可運用這種方式得到一些啟示。切記，不要蓄意醒來記錄夢境。畢竟，我們渴求的心如此急切，不需經過掙扎也無須費力，「夢」都會伸出援手。

呼吸運作

「呼吸」是生命來源和表露情感的有效工具。不論在書店或當地圖書館，你都能找到許多關於運用呼吸技巧的書（像是瑜伽、減輕壓力和其他有關呼吸技巧的書）。此外，有很多不同的理論，在討論增減腦部氧氣含量和情緒的相關性。請你參考和實驗下面所舉的方法，再依據身體的反應設計屬於你自己的方法。

你可以一邊播放輕音樂，一邊以長、慢、深的方法呼吸。並蓄意且快速的吸氣，但吐氣時請盡量維持胸腔的氧氣量。依肺活量吸入最大量的空氣，再多吸入一些，接著才吐氣，之後再逐漸增加吸氣時間和吸入量。放鬆，重複一遍。這是一個運用很廣的方法，不但能幫助表達情感，還能使你放鬆和增加體力。

你可以盡可能吐光體內的空氣。接著，再彎腰緊壓全身的肌肉，強迫吐出剩餘的空氣。當再一次吸氣時，請盡量吸入空氣。放鬆心情，重複這項練習十次，它將讓你的內在情緒浮出檯面。

隨機表達情感

或許在某些方面，我們會准許自己隨時扮演眞實的自我。這種狀況出現時，如果不知道如何掩人耳目表達情感，可以考慮採用以下這些策略：

・用枕頭蓋住頭尖叫。
・將車子的窗戶關起來尖叫。
・在運動競賽或舞池中，吶喊或大哭。

隨時隨地運用各種方式表達情感。你會發現周遭的人如此忙於批評自我，根本沒時間留意和評斷你。

在公眾場合中全然的表達自己，你將發覺這種開放的作風會感染周遭的人。

小心照顧好自己

越能全然的表達自我，你對自己的愛自然會越多。要知道，獲得支持是自己應有的權利，而且一切起始於自身。

「身體」是我們居住的家，此外還包括協助我們跨出下一步的記憶、思想和知覺。在體驗重大的轉變時，請溫柔且深情的愛自己。身體的細胞將因爲你對自己的愛，變得異常愉悅、活躍。

身體會告訴你，它需要和期望什麼。或許，它需要呼吸公園裡、深山或水畔的新鮮空氣。爲了讓你甦醒和在愛中表達自己，它可能要求額外的睡眠。今天，它也許欲求溫和或激烈的運動。因此，請利用各式各樣的方式善待身體，比如：按摩、三溫暖和營養可口的大餐。不久後，你會發覺身體正在透過飲食表露自己。

想像力

其實，我們的生命持續不斷在改變。因爲開始厭惡舊有的思想模式（亦即「法定監護人」），所以我們渴求挑戰。請運用你的想像力，編織下列範例中的情境，因爲這會讓你更了解自己。

想像某人將某物交到手上，並要求你利用它表露自我。在接收這項物品後，你照著做，大方的將自己表露無遺。

想像一名身穿藍袍、手拿魔術棒的巫師正站在面前，猶如童話內容般，他看著你，表示要賦予你力量。棒子一揮，他說：「現在開始變！」接下來，你得完全將自己表達出來。想跟「法定監護人」說什麼，直言無妨。感受情緒，留意它們如何轉變你的生命。

想像「法定監護人」正站在你面前。運用肢體動作，不說一句話，透過意識向「法定監護人」表達你自己。

感受全新的自我

這有如美妙樂章中的休止符。在完全體驗過關鍵性的情緒後，給自己一點時間，感受全新的自我。該如何做，完全依你個人的喜好而定。有時，你會想閉上雙眼，感受身體感官傳遞出的興奮。或者，你想藉由繪畫或寫作，抒發自己的新理解與洞察。另有一些時候，你渴求可以伸展肌肉、珍惜四肢和器官散發出的自由，你也許會大睡一場、做愛、跳躍或喜悅的吶喊。盡情體驗成果，不論方式爲何，都只爲了感受全新的自我。

不管怎樣否認情緒，最終它們仍會突破困境，獲致應有的自由。因此，只要准許它們自在表露，不費吹灰之力，便能增強自己的力量。取代以往一味的否認，你也將接納眞實的自我是如何強而有力。

情緒將帶給你無數的禮物，包括：釋放體內受阻的精力、增強你的力量、洗滌心靈、釋然和重生的感受、洞察力和新的理解等等。突然間，你將發覺自己重生，得以和眞實自我碰觸。

對大多數人而言，那些原本害怕面對的情緒，其實應當視爲力量的資源。畢竟，情緒是我們個人的語言。每個人對情緒的敏銳度各有不同，我們也許對某些情緒反應敏銳，但對其他情緒不會如此。事實上，情緒會穿透、感染我們身體的每一個細胞，雖然在某些特殊情況下，某些部位反映出的感受較強烈。但在意識到身體感官所傳遞的訊息前，情緒會不斷透過潛意識提醒我們。

情緒傳達出的語言相當令人著迷，倘若意圖分析它們，我們一輩子也分析不了。想要以快的途徑體驗生命，只需我們體驗情緒即可。我們將明白，允許情緒以安全且具有組織的方法表露，就等於讓自己全然過活，且活得生龍活虎。我們的一切作爲，只爲了自我實現。

品味問題

1. 現在，有哪些方法最能表達你的情感？
2. 描述你最常批評哪些事，和它們如何影響你對自我的判斷？
3. 你考慮用哪些不同的方式表達情感？

4.有哪些特殊方法，可以讓你在工作或公共場合中宣洩情感？

後記 生命的驚蟄

本書談論的是有關生命風暴——痛苦的經驗和情緒，同時提供一些有助於你個人成長的原則與技巧。體驗生命經歷，你將不費吹灰之力，將苦痛轉換爲力量。畢竟，智慧與喜悅都蘊含在苦悶的經驗中。倘若不再對現狀或情緒批評，我們便獲得釋放。

我們只需體驗，不必批判情緒。感受情緒應當如嬰孩那般自然，如此，它才成爲我們贏得喜悅的工具。逐漸的，我們留意到感傷中的甜美、憤怒帶來的力量與趣味，以及恐懼產生的個人力量。

面對未曾涉獵過的事物，我們不但感受恐懼，同時充滿興奮。因爲，這一步有助於我們下一階段的生命成長。我們的精力爲此豐沛，猶如年幼孩子般，我們對自己質問：「我很好奇接下來會發生什麼事？」

當不再畏懼生命中的不確定時，我們能一步又一步接觸下一階段的生命，直到永永遠遠。這才是眞正的自由。

正因爲我們有意識的過活，無形中增加了自己的洞察和理解力。於是我們發覺，人云亦云的事不是眞理；於是，察覺生活周遭被扭曲的眞理，才是我們當務之急。生命，應當比眼前一切還要深奧與豐富。

在寄出最後稿件的前一天，我們那美麗的小村莊颳起一陣暖風，彷彿是春天到臨的先驅者。當然，這道暖風也火速融化了我們最愛的白雪。那晚，我和老公以相當欣喜的心情入眠，耳際傳來的淨是河水融化後碎冰的響聲。我大約在黎明前清醒，趕忙將夢境的一切記錄下來。在完成後，我豁然明白那天爲三月二十一日，亦即爲春天的第一天。

轉變的風吹起，我們改變了！
我們正在體驗，
生命不再如同往昔。

我們留意到　小溪流的暖風
　也喚出春天來臨的芳香——
深切的轉換、改變和重生。
談論過去，爲時已晚。
　過往　掉頭離去永不回。
選擇的時機到了——
　要不要被牽絆？
　或坦然面對未來的試煉。
過往已然消逝，
未來才屬於我們！
這是生命！
下決定的時機，
會自己呈現，
關於這點，

我們無須選擇。

我們天生擁有的工具，將足以應付未來的挑戰。繼續逃避生命這匹狂奔的馬兒，或勇敢接受它和獲得自由，端賴我們的選擇。

國家圖書館出版品預行編目資料

身心整合：心靈澄淨與自在的秘密／李瑟著. --
初版. -- 新北市：華夏出版有限公司, 2023.11
面； 公分. --（Sunny 文庫；313）
ISBN 978-626-7296-30-1（平裝）
1.CST：情緒管理 2.CST：自我肯定

176.5 112005543

Sunny 文庫 313
身心整合：心靈澄淨與自在的秘密

著 作 李 瑟
印 刷 百通科技股份有限公司
電話：02-86926066 傳真：02-86926016
出 版 華夏出版有限公司
220 新北市板橋區縣民大道 3 段 93 巷 30 弄 25 號 1 樓
電話：02-32343788 傳真：02-22234544
E-mail： pftwsdom@ms7.hinet.net
總 經 銷 貿騰發賣股份有限公司
新北市 235 中和區立德街 136 號 6 樓
電話：02-82275988 傳真：02-82275989
網址：www.namode.com
版 次 2023 年 11 月初版一刷
特 價 新台幣 320 元（缺頁或破損的書，請寄回更換）

ISBN-13： 978-626-7296-30-1